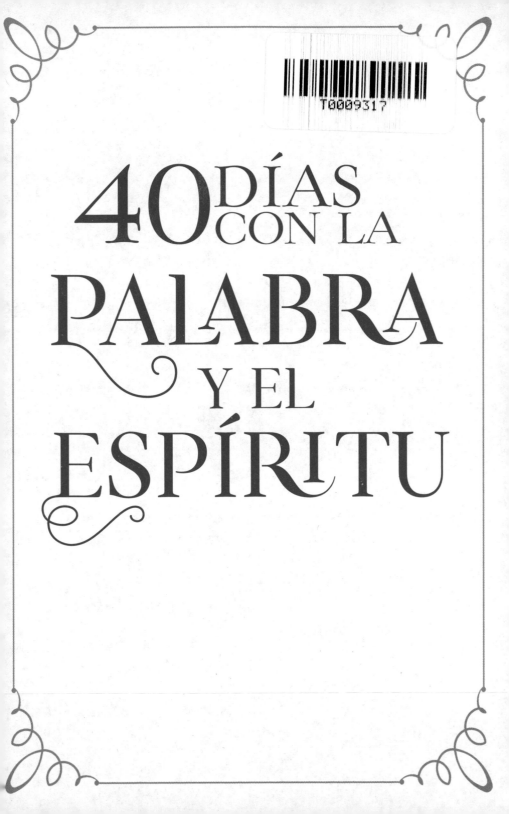

40 DÍAS CON LA PALABRA Y EL ESPÍRITU

40 DÍAS CON LA PALABRA Y EL ESPÍRITU

R T KENDALL

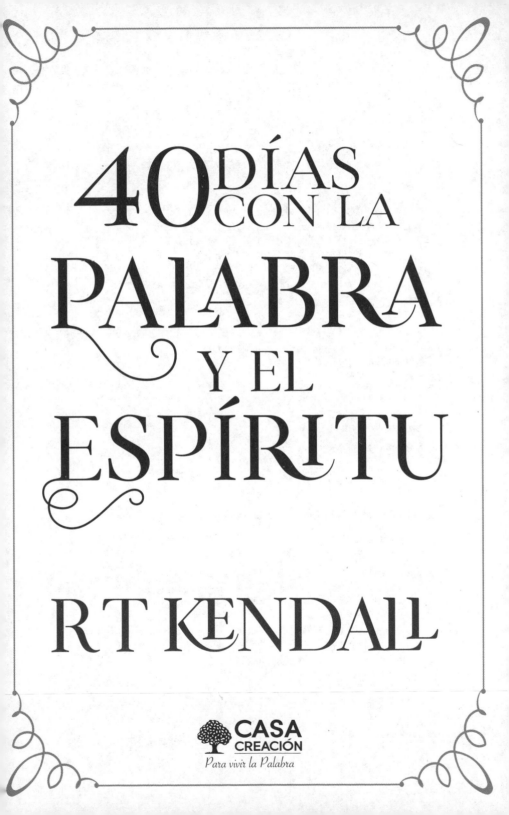

CASA
CREACIÓN
Para vivir la Palabra

Para vivir la Palabra

MANTENGAN LOS OJOS ABIERTOS,
AFÉRRENSE A SUS CONVICCIONES,
ENTRÉGUENSE POR COMPLETO,
PERMANEZCAN FIRMES,
Y AMEN TODO EL TIEMPO.
—1 Corintios 16:13-14 (Biblia El Mensaje)

 40 días con la Palabra y el Espíritu por R. T. Kendall
Publicado por Casa Creación
Miami, Florida
www.casacreacion.com
©2024 Derechos reservados

ISBN: 978-1-960436-36-8
E-Book ISBN: 978-1-960436-37-5

Desarrollo editorial: *Grupo Nivel Uno, Inc.*
Adaptación de diseño interior y portada: *Grupo Nivel Uno, Inc.*

Publicado originalmente en inglés bajo el título:
40 Days in the Word and Spirit
Charisma House
Charisma Media/Charisma House Book Group
Lake Mary, Florida 32746
Copyright © 2021 by R. T. Kendall
Todos los derechos reservados.

Visite la página web del autor en www.rtkendallministries.com.

Nota de la editorial: Aunque el autor hizo todo lo posible por proveer teléfonos y páginas de internet correctos al momento de la publicación de este libro, ni la editorial ni el autor se responsabilizan por errores o cambios que puedan surgir luego de haberse publicado.

Impreso en Colombia

24 25 26 27 28 LBS 9 8 7 6 5 4 3 2 1

CONTENIDO

INTRODUCCIÓN

En el tercer capítulo de Hechos se narra que Pedro y Juan iban camino al templo. Allí, un hombre que había sido cojo de nacimiento estaba sentado a la puerta del templo. Día tras día, lo llevaban a ese lugar y lo ubicaban en esa posición exacta para pedir limosna a los transeúntes. Sin embargo, ese día Pedro y Juan —al pasar frente al hombre— lo vieron y se dirigieron a él. "Pedro, con Juan, mirándolo fijamente, le dijo: '¡Míranos!'. El hombre enfocó en ellos la mirada, esperando recibir algo. 'No tengo plata ni oro —declaró Pedro—, pero lo que tengo te doy. En el nombre de Jesucristo de Nazaret, ¡levántate y anda!'" (Hechos 3:4-6). El hombre fue completamente sano y la multitud quedó asombrada. Al ver la respuesta de la muchedumbre, Pedro los confrontó y les dijo:

> Pueblo de Israel, ¿por qué les sorprende lo que ha pasado? ¿Por qué nos miran como si, por nuestro propio poder o devoción, hubiéramos hecho caminar a este hombre? El Dios de Abraham, de Isaac y de Jacob, el Dios de nuestros antepasados, ha glorificado a su siervo Jesús. Ustedes lo entregaron y lo rechazaron ante Pilato, aunque este había decidido soltarlo. Rechazaron al Santo y Justo, y pidieron que se indultara a un asesino.

Mataron al autor de la vida, pero Dios lo levantó de
entre los muertos, y de eso nosotros somos testigos.
Por la fe en el nombre de Jesús, él ha restablecido a
este hombre a quien ustedes ven y conocen. Esta fe que
viene por medio de Jesús lo ha sanado por completo,
como les consta a ustedes.

—Hechos 3:12-16

Este es un pasaje muy importante de las Escrituras y cobra
más relevancia para mí cada vez que lo leo. Muestra lo que
es posible cuando la Palabra y el Espíritu se unen al mismo
tiempo. En todo el mundo ha habido un divorcio silencioso
dentro de la iglesia entre la Palabra de Dios y su Espíritu. Y,
por desdicha, como en un divorcio real, los hijos de Dios se
han dividido en esta línea.

El mensaje de aquellos que están del lado de la Palabra es
que debemos regresar a la Biblia, a la enseñanza de la Reforma,
a la enseñanza expositiva y "contender ardientemente por la
fe que una vez fue entregada a los santos" (Judas 3). Hasta
que esto suceda, dice este bando, la honra del nombre de Dios
no será restaurada. ¿Qué hay de malo en este énfasis? Nada.
Es exactamente correcto.

Del lado del Espíritu, el mensaje es que debemos regresar al Libro de los Hechos, donde hubo señales, prodigios y
milagros. Necesitamos los dones del Espíritu en operación y
las manifestaciones del poder de Dios. Hasta que esa clase
de poder sea restaurado en la iglesia, la honra del nombre de
Dios no será restaurada. ¿Qué hay de malo en ese énfasis?
Nada. Es exactamente correcto.

Mas está llegando el día en que habrá una combustión
espontánea cuando estos dos lados se vuelvan a conectar
simultáneamente. Entonces, la honra del nombre de Dios será

verdaderamente restaurada. Entonces, habrá una predicación con tal poder que resultará en una avalancha de señales y prodigios a medida que se comparta la centralidad del evangelio. Eso es lo que vemos en este pasaje de Hechos: el milagroso poder sanador de Dios entrelazado con la predicación de la verdad de Jesucristo: la Palabra y el Espíritu, de la mano.

Veremos una reunificación de la Palabra de Dios y su Espíritu. Como profetizó Bobby Conner, el temor del Señor está regresando a la iglesia, tal como en los días posteriores a Pentecostés "Todos estaban asombrados por los muchos prodigios y señales que efectuaban los apóstoles" (Hechos 2:43). Es nuestro privilegio y responsabilidad prepararnos, como cuerpo de Cristo, para recibir el mensaje completo e inconmovible del reino de Dios.

Es mi oración que al leer este devocional, comprenda el costo del divorcio silencioso que ha ocurrido y que comience a anticipar el nuevo mover de Dios que unirá otra vez su Palabra con su Espíritu. Atesoremos la infalible Palabra de Dios y entreguémonos completamente a las obras de su Espíritu Santo.

Que Dios Padre, Hijo y Espíritu Santo los bendiga y los guarde ahora y siempre. Amén.

EL DIVORCIO SILENCIOSO

Después de haber orado, tembló el lugar en que estaban
reunidos; todos fueron llenos del Espíritu Santo y
proclamaban la palabra de Dios sin temor alguno.

—Hechos 4:31

No puedo pensar en nada que honre más a Dios o amenace más a Satanás que la Palabra y el Espíritu reunidos simultáneamente, como se demostró en el Libro de Hechos. Mientras ambos permanezcan separados en algún grado, será más fácil para el diablo impedir que la iglesia tenga un impacto significativo en el mundo.

Cuando afirmo que ha habido un divorcio silencioso entre la Palabra y el Espíritu, quiero decir que para muchas personas hoy ha sido una cosa o la otra. Algunos conocen bien las Escrituras. Conocen sus biblias. Conocen su doctrina. Conocen la historia de su iglesia. Pueden detectar herejías a un kilómetro de distancia. A estas personas las llamo gente de la Palabra.

Entre tanto, otros enfatizan el poder del Espíritu Santo, y algunos conocen bien el puro poder de Dios. Han experimentado la llenura del Espíritu Santo. Han vivido sus dones. Han visto sanidades, incluso milagros.

Y pueden detectar la ortodoxia muerta a un kilómetro de distancia. A estos los llamo gente espiritual.

No hay nada de malo en ninguno de los dos tipos de énfasis. Cada uno tiene toda la razón. Tomemos, por ejemplo, a aquellos de nosotros que representamos la tradición reformada, como yo. Decimos: "Debemos contender fervientemente por la fe que una vez fue dada a los santos. Debemos recuperar nuestra herencia de la Reforma. Debemos regresar al Dios de Jonathan Edwards y Charles Spurgeon. Debemos ser sanos en doctrina".

O tomemos otro ejemplo: aquellos que vienen de una perspectiva pentecostal o carismática. Ellos dicen: "Debemos recuperar el poder apostólico. La necesidad de hoy es la renovación de los dones del Espíritu. En el Libro de los Hechos se vieron señales y prodigios; nosotros también debemos verlos. Lo que se necesita es una demostración de poder".

Mi mensaje es este: la iglesia, en general, luchará una y otra vez en su súplica para que Dios restaure la honra a su nombre hasta el punto en que no uno ni el otro, sino *ambos* —las Escrituras y el poder de Dios— la Palabra y el Espíritu, se unan en forma simultánea.

Vivimos en una época en la que el temor de Dios está prácticamente ausente en la iglesia, en términos generales. El mundo no nos tiene miedo ni está amenazado por nosotros, sino que nos critica mientras dormimos profundamente. Ya no hay ningún sentimiento de indignación por las condiciones de la sociedad.

El avance del mal por el mundo es ahora tan veloz que hemos visto degenerar ante nuestros ojos los estándares de la moralidad y la decencia sin que ello nos moleste como antes. Hasta que el temor de Dios regrese a la iglesia, los caminos de la humanidad "irán de mal en peor" (2 Timoteo 3:13). Esto se debe a que la iglesia, según el propio Jesús, es "la sal de la tierra". Pero él también dijo que si la sal pierde su sabor,

"Ya no sirve para nada, sino para que la gente la deseche y la pisotee" (Mateo 5:13).

Lo siento, desearía que no fuera tal la situación, pero —mientras escribo estas líneas— así es precisamente la iglesia en muchas partes del mundo. Lo único que devolverá el temor de Dios a la iglesia —aparte del evangelio puro de Cristo— es que la Palabra de Dios y el Espíritu Santo se unan en igual medida.

Uno de mis aportes en la primera Conferencia Palabra y Espíritu en 1992 no fue un sermón expositivo sino más bien una declaración. Se llama "Isaac". El apóstol Pablo hizo una alegoría sobre Agar, Ismael, Sara e Isaac (ver Gálatas 4:21-23). Pablo hizo eso en un contexto apropiado para mostrar el propósito y la posición de la ley. Lo que he hecho con el relato original es aplicarlo proféticamente a nuestros días.

Creo que la historia antigua se está repitiendo. De la misma manera que Abraham pensó sinceramente que Ismael era el hijo prometido, muchos han creído que el actual movimiento pentecostal-carismático es el avivamiento definitivo que Dios prometió antes de la segunda venida de Cristo. Cuestiono esto. En mi opinión, se avecina un movimiento del Espíritu mucho mayor que cualquier otro en la historia de la iglesia, a saber, "Isaac". Será una obra de Dios más significativa que cualquier otra vista hasta ahora, incluso en proporción a la grandeza de Isaac sobre Ismael.

La iglesia está al borde de una gloriosa era poscarismática sin precedentes. En mi opinión, es lo *mismo* que el clamor de medianoche del que leemos en la parábola de las diez vírgenes (Mateo 25:1-13). Es cuando la Palabra y el Espíritu se unen, como se ve en el Libro de los Hechos. Smith Wigglesworth (1859-1947) lo dijo, en términos parecidos.

Pienso que "Isaac" llegará repentinamente sin ningún aviso más cuando la iglesia esté en un sueño espiritual profundo, muy profundo, sin esperar nada. Esta es precisamente la situación en la que nos encontramos ahora. El hecho de que la cristiandad, en general, esté en un sueño profundo es la descripción más precisa de la iglesia en la actualidad. Esta llamada de atención puede ocurrir en cualquier momento y, en efecto, llegará muy pronto.

La pregunta es: ¿estamos preparados para ello?

REFLEXIÓN PERSONAL

¿Está usted consciente del divorcio silencioso que ha ocurrido entre la Palabra de Dios y su Espíritu dentro del cuerpo de creyentes? Considere sus antecedentes espirituales. ¿Hacia qué campo se inclinaría su iglesia o esa en la que creció?

_____

_____

¿Qué siente cuando al actual movimiento pentecostal-carismático lo llaman con el nombre de "Ismael"? ¿Qué imagina que implicaría un movimiento del Espíritu como el de "Isaac"? ¿Cómo podría preparar su corazón para esa importante obra de Dios en la tierra?

_____

_____

LA PRESENCIA CONSCIENTE

Porque el reino de Dios no es cuestión
de palabras, sino de poder.
—1 Corintios 4:20

Es posible tener la Palabra sin el Espíritu, es decir, la Palabra sin la presencia consciente del Espíritu Santo. Para entender lo que quiero decir con esto, primero debe entender que hay una diferencia entre la presencia consciente del Espíritu y su presencia inconsciente.

Cuando Pablo dijo: "Nuestro evangelio les llegó no solo con palabras, sino también con poder, es decir, con el Espíritu Santo" (1 Tesalonicenses 1:5), dio a entender que uno podía predicar la Palabra sin poder y sin el Espíritu Santo. Quería decir que la presencia consciente de Dios se manifestaba en Tesalónica. En términos prácticos, les dijo lo mismo a los corintios: "No les hablé ni prediqué con palabras sabias y elocuentes, sino con demostración del poder del Espíritu" (1 Corintios 2:4).

En ambos casos, Pablo pudo testificar de la presencia consciente del Espíritu. Asimismo, en las dos circunstancias, Pablo da a entender que podría haber hablado solo de palabra. Pero no lo hizo, al menos no en esos casos. La presencia consciente del Espíritu Santo acompañó su predicación con poder. Él sabía que eso era esencial para una predicación eficaz.

Por eso les pidió a los efesios que oraran por él para que le dieran "palabras" a fin de proclamar el evangelio "con poder" (Efesios 6:19). *Palabras* proviene del griego *logos*, que examinaremos con más detalle a continuación. *Poder* viene de *parrēsia*, que significa "potestad" o "audacia para hablar". Eso es lo que Pedro tenía cuando predicó el día de Pentecostés (Hechos 2:14-40). Era lo que Pablo quería que los efesios pidieran en oración. Estoy seguro de que Dios respondió su plegaria, pero si esa potestad, audacia o expresión surgieran inevitablemente cada vez que Pablo se levantaba para predicar, no les habría pedido a los efesios que oraran por él como lo hizo. No estaba simplemente mostrando humildad al exponer sus peticiones; sabía que sin el poder del Espíritu que le daba expresión y poder, sus esfuerzos serían mucho menos efectivos.

Hay un sentido en el que la Palabra y el Espíritu son inseparables aunque no de manera *consciente*. Si usted afirma que la Palabra y el Espíritu son inconscientemente inseparables, yo estaría de acuerdo con eso. En primer lugar, no tendríamos el Antiguo y el Nuevo Testamento sin el Espíritu. El Espíritu Santo escribió la Biblia, como veremos con más detalle más adelante. Sin embargo, de ello no se infiere que el Espíritu siempre aplicará la Palabra. Algunas veces el Espíritu Santo aplica la Palabra y otras, debido a su prerrogativa soberana, no lo hace. Una palabra impresa en un cartel puede citar una escritura.

Esto se ve en los estados del Cinturón Bíblico de la Unión Americana, especialmente en Tennessee, donde vivimos en este momento. Millones de personas, salvadas y perdidas, ven estos pasajes de las Escrituras mientras conducen por una carretera. A veces se cita Juan 3:16: "Porque tanto amó Dios al mundo que dio a su Hijo único, para que todo el que cree en él no se pierda, sino que tenga vida eterna". Si la Palabra y el Espíritu son inseparables, entonces ¿por qué no todas las personas perdidas se salvan cuando leen esto? La respuesta es que el Espíritu no siempre *aplica* la Palabra. ¿Por qué no? Porque Dios es soberano.

Es otros términos, hay momentos en que Dios decide retener su presencia consciente. Isaías descubrió una verdad que todos enfrentamos tarde o temprano: "En verdad, Tú eres un Dios que te ocultas, ¡oh Dios de Israel, Salvador!" (Isaías 45:15 NBLA). Dicho esto, habrá quienes neciamente decidan *no* llevar aceite para sus lámparas mientras todos esperamos la venida del Novio (Mateo 25:3). La lámpara es un símbolo de la Palabra: "Lámpara es a mis pies tu palabra y lumbrera a mi camino" (Salmos 119:105). El aceite es un símbolo del Espíritu Santo. Cuando Samuel derramó el aceite sobre David, "el Espíritu del Señor se precipitó sobre David desde aquel día en adelante" (1 Samuel 16:13). Jonathan Edwards (1703-1758) predicó un mensaje muy recordado —titulado "Pecadores en manos de un Dios airado"— el 8 de julio de 1741 en Enfield, Connecticut. Cuando una gran convicción se apoderó de sus oyentes, las personas se aferraban a los troncos de los árboles para evitar caer en el infierno. Sin embargo, predicó ese mismo sermón en Northampton, Massachusetts, y no hubo ningún efecto aparente.

Uno esperaría obtener un poder inusual cada vez que predica. Sin embargo, incluso el gran apóstol Pablo estaba muy consciente de que podía hablarle a la gente sin la ayuda consciente del Espíritu. Por eso oraba para que le diera *palabras* —locución—, una habilidad inusual para pensar y predicar cuando el Espíritu Santo no solo vierte pensamientos en la mente de uno, sino que también concede valentía sin explicación natural. Simplemente predicar una doctrina, por muy precisa que sea la enseñanza, no sería suficiente. Mi mentor, el Dr. Martyn Lloyd-Jones, solía darles palmadas en las muñecas a aquellos predicadores "sanos" que eran "perfectamente ortodoxos pero perfectamente inútiles".

En resumen, necesitamos no solo las Escrituras sino también el poder de Dios. Es ese poder consciente de Dios lo que (seguramente) todo predicador desea.

REFLEXIÓN PERSONAL

¿Alguna vez ha dicho algo que era verdad pero que podía notar que no estaba lleno del Espíritu? ¿Cómo afectaron sus palabras a quienes las escucharon? ¿Cómo se sintió? Considere la alternativa: ¿Alguna vez se ha encontrado hablando algo simple que haya tenido un impacto sorprendentemente profundo en los demás? ¿Cuál fue la diferencia?

_____

_____

¿Alguna vez ha leído un pasaje familiar de las Escrituras solo para que las palabras cobren vida de una manera novedosa? ¿Cómo experimenta la presencia consciente del Espíritu?

_____

_____

_____

LA PALABRA DE DIOS

Sin duda, la palabra de Dios es viva, eficaz y
más cortante que cualquier espada de dos filos.
Penetra hasta lo más profundo del alma y del
espíritu, hasta la médula de los huesos, y juzga los
pensamientos y las intenciones del corazón.
—Hebreos 4:12

Hoy en día, lamentablemente, es cierto que la mayoría de los cristianos —ya sean liberales, evangélicos o carismáticos—, *no conocen la Biblia*. Tampoco ayuda que cada vez exista menos predicación expositiva en la iglesia. La predicación temática o motivacional ha dominado en gran medida las ondas de radio en nuestros días. No es que haya algo malo en esa clase de predicación. Los mejores siervos de Dios han predicado eso y todavía lo hacen. Pero el componente clave de la predicación expositiva es una alta visión de las Escrituras. Es muy difícil que alguien sea motivado a predicar capítulo por capítulo, por no decir de versículo por versículo, si no cree que el Espíritu Santo inspira cada uno de esos vocablos.

Dios usó seres humanos para escribir la Biblia, sí. Sus personalidades, estilos, antecedentes culturales y presuposiciones teológicas son evidentes. Pero sus palabras siguen siendo infalibles e inspiradas por el Espíritu. Pedro dijo: "El que habla, hágalo como quien expresa las *palabras* mismas de Dios" (1 Pedro 4:11). El vocablo *palabras* que usa el apóstol aquí proviene de logia, *logos* o "verbo". La idea del *logos* es que la Deidad habla a través de la persona. La predicación ideal es cuando Dios mismo se adueña tanto de nuestras palabras que los oyentes sienten como si él mismo los estuviera confrontando.

Considere la predicación de Jesús: esta tenía que ver con ser confrontado por Dios mismo, porque Jesús era (y es) Dios, y todas sus palabras reflejaban la voluntad del Padre (Juan 5:19). Por eso sus oyentes quedaban asombrados; no hablaba como los escribas, sino como alguien con autoridad (Mateo 7:28-29). La autoridad es lo que caracterizó la predicación de Pedro el día de Pentecostés. Las burlas que precedieron al sermón de Pedro dieron como resultado personas "compungidas de corazón" que preguntaban: "¿Qué haremos?" (Hechos 2:37).

El sermón de Pedro encarna lo que debía ser la predicación: la proclamación de la Palabra de Dios a través de la personalidad humana. Los antecedentes, la cultura, el acento, la capacidad natural y la educación de la persona (o la falta de ello) a menudo serán evidentes, incluso si la persona habla con gran unción y poder. Durante el avivamiento de Cane Ridge (1801) en el condado de Bourbon, Kentucky —llamado el Segundo Gran Despertar de Estados Unidos por los historiadores de la iglesia—, muchos predicadores sin instrucción se unieron a la exhortación simultáneamente con media docena más que estaban predicando en una gran reunión campestre. Se convirtieron cientos de personas. Los burladores que se presentaban a criticar terminaban confesando a Cristo como Salvador. Debido a que gran cantidad de esos predicadores no tenían educación pero eran eficaces, a muchos se les hizo creer que la educación y la capacitación no solo eran innecesarias sino también un obstáculo para el Espíritu Santo.

Ese acontecimiento histórico tuvo una influencia duradera en la región. Mi iglesia en Ashland, Kentucky, posiblemente fue parte del último vestigio del fenómeno Cane Ridge. Crecí escuchando a pastores y evangelistas visitantes que en su mayoría no tenían educación, es decir, ninguno que yo sepa tenía un título universitario. Pero conocían sus Biblias.

Esté de acuerdo o no, se ha citado a Spurgeon diciendo:

"No podemos enseñarle a una persona cómo predicar, pero podemos enseñarle qué predicar".

Dicho esto, el predicador puede cometer errores. Grandes errores. Pero lo que tenemos en las Escrituras es infalible, fiel y absolutamente cierto. Dios se encargó de eso.

Para decirlo de otra manera, la Palabra de Dios impresa y la Palabra de Dios en *persona* tienen esto en común: el factor divino y humano. Jesús era Dios como si no fuera hombre; era hombre como si no fuera Dios.

"En el principio era el Verbo, y el Verbo era con Dios, y el Verbo era Dios ... Y aquel Verbo fue hecho carne".
—Juan 1:1, 14 RVR1960

Del mismo modo, las Escrituras son de Dios como si *estuvieran* separadas de quienes las escribieron y, sin embargo, los que las escribieron mostraron sus personalidades como si *estuvieran* solos y tuvieran plena libertad para expresar lo que sentían y creían. Por lo tanto, la Palabra de Dios encarnada y la Palabra de Dios impresa tienen esto en común. Así como

Jesús fue sin pecado y sus palabras sin error, así también las Escrituras son doctrinal y teológicamente inerrantes.

REFLEXIÓN PERSONAL

¿Cómo es su relación con su Biblia? ¿Creció memorizando versículos? ¿Le resulta difícil amar la Palabra o le entusiasma leer las Escrituras?

_____

_____

¿Cómo lidia con los pasajes de la Biblia que no comprende? Si pudiera recibir claridad del Espíritu Santo sobre una porción de las Escrituras, ¿cuál sería? ¿A qué recurre para obtener una enseñanza expositiva firme sobre la Palabra de Dios?

_____

_____

¿Alguna vez se ha sentido confrontado por Dios mismo a través de la predicación de la Palabra? ¿Qué le mostró Dios acerca de sí mismo y de su Palabra a través de la personalidad humana del maestro?

_____

_____

EL TESTIMONIO INTERIOR
DEL ESPÍRITU

Toda la Escritura es inspirada por Dios
[dada por inspiración divina] y útil para enseñar,
para redargüir [de pecado], para corregir
[del error y restaurar la obediencia], para instruir en
justicia [aprender a vivir conforme a la voluntad de
Dios, tanto en público como en privado, comportándose
honrosamente con integridad personal y valentía
moral]; a fin de que el hombre de Dios sea perfecto,
enteramente preparado para toda buena obra.
—2 Timoteo 3:16-17 RVR1960

Uno de los mayores ajustes que he tenido que hacer (y todavía tengo que hacer) es no suponer nada cuando predico ni cuando escribo. Debo considerar que muchos de mis oyentes y lectores (gracias a Dios por las excepciones) necesitarán mi ayuda para crecer en su comprensión y conocimiento de las Escrituras.

Es una nueva generación, algo así como el nuevo faraón que no conoció a José (Éxodo 1:8). Hubo un tiempo en que todo Egipto se regocijó con José y su familia, pero esa época no duró. Llegó un nuevo faraón que no le debía nada a José, una nueva generación que no lo apreciaba; es más, una generación que se sentía amenazada por el legado de José.

Es muy parecido a lo que ocurre hoy. Muchas personas en la iglesia no conocen su Biblia porque no la leen con frecuencia. No solo eso, los propios líderes eclesiales casi no la conocen; tampoco promueven su lectura con urgencia. Lo peor de todo es que un número cada vez mayor de personas en el púlpito y en las bancas no son persuadidas por el testimonio interno del Espíritu Santo en cuanto a que la Biblia es la Palabra de Dios.

Esa es la manera en que sabemos que la Biblia es la Palabra de Dios: por el testimonio interno del Espíritu Santo. Hay quienes han tratado de apoyarse en las llamadas pruebas "externas" de las Escrituras: la arqueología, los testimonios de personas que dicen lo que la Biblia ha significado para ellos, etc. Estas pruebas externas no convencerán del todo. Solo el Espíritu Santo persuade absolutamente. Y debido a que ha habido una disminución del conocimiento del Espíritu Santo en nuestros días, no sorprende que muchas personas sean "llevadas de un lado a otro" por "todo viento de doctrina" (Efesios 4:14).

Yo diría que las *cartas* del apóstol Pablo son infalibles. Aunque él no lo era. Solo era un hombre normal. Lucas cuenta que Pablo perdió los estribos (ver Hechos 23:3), algo que Jesús nunca hizo. Pablo era capaz de cometer errores. Pero cuando escribió sus epístolas, Dios se impuso; por lo que podemos abrazar las palabras de Pablo de todo corazón. Lo mismo ocurre con Mateo, Marcos, Lucas y Juan, así como con el Antiguo Testamento y el resto de los escritores del Nuevo Testamento. Usted puede leer con certeza toda la Escritura, consciente de que el mismo Dios fiel que envió a su Hijo al mundo para morir en una cruz se aseguró de que las palabras de su Hijo fueran registradas sin error y que los apóstoles elegidos para escribir lo que llamamos el Nuevo Testamento nos dieran enseñanzas infalibles.

Dios no nos enviaría a su Hijo y luego permitiría que olvidara lo que vino a hacer. Por eso tenemos la Biblia. Dios nos dio nuestras biblias. ¿Está usted agradecido por ella? ¿Ha pensado dónde estaríamos hoy sin la Biblia? Entonces, si Dios nos dio la Biblia, ¿será posible que no quiera que sepamos qué hay en ella?

El grado en que creemos que la Biblia es infalible, confiable y fiel a menudo determina cuánto nos interesa leerla. Eso sí, el hecho de que la iglesia esté en un sueño profundo ha resultado en que incluso muchos cristianos dinámicos la lean poco. Como dije, recuerdo el tiempo en que los laicos conocían la Biblia tan bien que se podía empezar a citar un versículo y ¡muchos lo terminaban! En una generación anterior la gente no solo leía sus biblias, sino que también memorizaban grandes porciones de ellas. Hoy en día, esta costumbre prácticamente ha desaparecido de la tierra.

Algunos dicen: "Lo que necesito es ser inmolado en el Espíritu". A lo que respondo: Si usted tiene la cabeza vacía cuando caiga, la tendrá igual de vacía cuando se levante. ¡No habrá nada en su cabeza que el Espíritu Santo pueda recordarle!

Necesitamos la Biblia. Sin embargo, debo afirmar que necesitamos más que la Biblia. Necesitamos al Espíritu Santo. Para citar a Jack Taylor, hay quienes entienden la Trinidad como "Dios el Padre, Dios el Hijo y Dios la Santa Biblia". Esta observación sincera suele ser precisa debido a la presuposición de que el Espíritu y la Palabra son inseparables. Si el Espíritu Santo no interviene y *aplica* lo que enseño y escribo, mis esfuerzos son en vano. Dios debe intervenir, o nadie será captado, nadie se convertirá.

En pocas palabras, es necesario *aplicar* las Escrituras. Eso se logra mediante la predicación ungida. Pero la predicación ungida nunca es posible sin el poder del Espíritu Santo.

REFLEXIÓN PERSONAL

¿Cómo podría mostrar su gratitud a Dios por el regalo de su Palabra hoy? ¿A quién conoce usted que tenga en alta estima a su Biblia? ¿De qué manera prioriza esa persona, en la práctica, las Escrituras?

_____

_____

_____

¿Cómo organizaría su día si Jesús apareciera encarnado en la sala de su casa? ¿Cree usted que la Biblia es infalible, confiable y fiel? ¿Cómo podría organizar su día de manera que refleje su estima por la Palabra de Dios impresa?

_____

_____

_____

AMOR SE ESCRIBE ASÍ: TIEMPO

Muy de mañana me levanto a pedir ayuda;
en tus palabras he puesto mi esperanza.
Mis ojos están abiertos en las vigilias de la
noche, para meditar en tus promesas.
—Salmos 119:147-148

Tenía una ventaja en materia de vida cristiana. Lo primero que recuerdo de mi padre es que lo veía de rodillas
durante treinta minutos todas las mañanas antes de
irse a trabajar. A menudo leía su Biblia de rodillas. La conocía
mejor que muchos predicadores de hoy y ciertamente oraba
más que muchos de ellos. Así fue como lo criaron. Tenía un
pastor que animaba a los miembros de la iglesia a dedicar
treinta minutos al día a ejercitar momentos devocionales. Él
me transmitió esa herencia y me crio de la misma manera.
Por eso estoy decidido a legar esto mientras tenga aliento.

Martín Lutero (1483-1546) se esforzaba por orar tres horas
al día. A Juan Wesley (1703-1791) no se le ocurría comenzar su trabajo cotidiano antes de orar dos horas cada día,
levantándose casi siempre a las cuatro de la mañana. Según
una encuesta reciente, en la que participaron miles de líderes
de iglesias en ambos lados del Atlántico, el líder promedio
de la iglesia actualmente —ministros, evangelistas, pastores,

obispos, vicarios, rectores— *pasa cuatro minutos al día* en su tiempo devocional particular. Y uno se pregunta por qué la iglesia está dormida.

¿Cuánto ora usted? ¿Cuánto lee su Biblia? ¿Cuán bien conoce su Biblia?

¿Le gustaría estar en buenos términos con el Espíritu Santo? ¡Entonces conozca lo que escribió! Escribió la Biblia. Él no se avergüenza de lo que escribió. La Biblia es el producto más grandioso del Espíritu Santo. Tendrá la unción del Espíritu Santo en la medida en que honre lo que el Espíritu Santo redactó.

"Por falta de conocimiento mi pueblo·ha sido destruido", dijo el profeta (Oseas 4:6). Dios quiere que todos conozcamos, especialmente bien, dos cosas acerca de él: su Palabra y sus caminos. Su Palabra se refiere a la Biblia: el Antiguo y el Nuevo Testamentos. Sus caminos se refieren a sus características. "No han conocido mis *caminos*", se lamentó Dios de su antiguo pueblo (Hebreos 3:10, énfasis agregado). Moisés, al estar seguro de que sus caminos agradaban al Señor y que podía solicitar cualquier cosa, pidió: "Muéstrame ahora tus caminos" (Éxodo 33:13).

Dios tiene *caminos* o maneras. El Espíritu Santo tiene los suyos. Puede que no le gusten sus caminos. Además, él no se adaptará a usted; usted debe adaptarse a él. ¿Cómo se llega a conocer los caminos de Dios? ¿Cómo llega usted a conocer el camino de alguien? Respuesta: pasando tiempo con esa persona.

A los niños les gusta deletrear la palabra amor así: T-I-E-M-P-O. Eso es lo que quieren más que nada: tiempo con sus padres, tiempo con aquellos a quienes admiran. Amor traducido en tiempo. Mostramos cuánto estimamos a una persona por el tiempo que le dedicamos.

Mi esposa conoce mis *maneras*. Ella sabe cómo pienso. Sabe cómo reaccionaré ante un libro, un sermón, un discurso político o una nueva persona que conozca. Tengo un puñado de amigos que realmente conocen mis caminos o mis maneras. Han pasado un tiempo considerable conmigo. No subestime lo bien que llega a conocer los caminos o las maneras de Dios simplemente por pasar tiempo con él.

Le urjo a que dedique treinta minutos al día a estar a solas con Dios. Puede contar la lectura de la Biblia como parte de ello, pero recuerde que el tiempo que pasa con Dios nunca es en vano. A Martín Lutero se le atribuye la siguiente frase, aunque no la encuentro en sus escritos: "Tengo tanto que hacer que si no dedicara al menos tres horas al día a la oración, nunca lo terminaría todo". Haya dicho esas palabras o no, sabemos que Lutero era un hombre de oración. La idea que se expresa es que cuanto más ocupado estaba, más esencial era la oración para él. La mayoría de nosotros nos excusaríamos de orar más si tuviéramos un día ocupado.

El principio es este: dé a Dios su diez por ciento y viva con el noventa por ciento restante para mantenerse. Mi papá solía decir: "¡A veces pienso que el noventa por ciento alcanza más que el cien por ciento!". Del mismo modo, cuanto más tiempo le dé a Dios, ¡más logrará usted! Supongo que utilizará el sentido común cuando sugiera estas cosas; ¡No intente orar las veinticuatro horas del día! Le aseguro que si le da treinta minutos al día (una hora o más si está en el ministerio de tiempo completo) a Dios, logrará hacer más de lo que habría hecho si hubiera descuidado su tiempo devocional con el Señor. Aun Jesús necesitaba eso. "Y levantándose muy de mañana, cuando aún estaba oscuro, partió y salió a un lugar desierto, y allí oró" (Marcos 1:35).

La hora del día no es tan importante como elegir el momento en el que pueda estar más alerta y ser más eficaz. Si no es una persona mañanera, ore por las tardes. El tiempo a solas con el Señor le acercará más a él y le permitirá conocer sus caminos.

REFLEXIÓN PERSONAL

¿Reserva un tiempo diario para orar? Si no es así, ¿cuál parece ser su mayor obstáculo para apartar tiempo intencionado a fin de dedicarlo al Señor?

_____

_____

_____

¿Cómo podría encontrar tiempo constante para leer la Palabra y orar? Una vez que comience esta práctica, anote los cambios que observe en su vida emocional, mental y espiritual.

_____

_____

_____

_____

ADÁPTESE A LA PALOMA

Porque todos los que son guiados por el
Espíritu de Dios son hijos de Dios.
—Romanos 8:14

L o que más aprecié en la Capilla de Westminster fue descubrir la sensibilidad del Espíritu Santo. Podría decirse que es el concepto más transformador con el que me he encontrado. Llegué a comprender esto antes de enfrentar el desafío de perdonar totalmente a algunas personas que me lastimaron y me traicionaron. El hecho de ser consciente de la sensibilidad del Espíritu fue lo que me hizo considerar la importancia del perdón total. La sensibilidad del Espíritu y el perdón absoluto son recíprocos; son verdaderamente inseparables. Uno entristece al Espíritu cuando no perdona; sin embargo, cuando perdona totalmente, el Espíritu Santo entrará en el corazón de uno con una paz y una alegría insondables.

Una característica esencial de las maneras en que actúa el Espíritu Santo es que él —nos guste o no— es una persona muy, muy sensible. El tercer miembro de la Trinidad es un individuo, y una de sus características es que sus sentimientos se lastiman fácilmente. Es probable que usted diga: "Pero no debería ser así". No obstante así es él. Sépalo o nunca llegará a conocerlo. Él no se adaptará a usted; usted debe adaptarse a él.

Hace años una pareja británica fue enviada, como misioneros, a Israel por su denominación. Después de varias semanas en su nuevo hogar cerca de Jerusalén, notaron que una paloma se había instalado en un alero de su casa y vivía allí. También vieron que cada vez que cerraban alguna puerta, la paloma se iba volando. Y cuando discutían entre ellos, la paloma se iba volando. Un día, Sandy le dijo a Bernice:

—¿Has observado esa paloma?

—Ah, sí —respondió ella—. Es como un sello de Dios sobre nuestra estadía aquí, en Israel.

Sandy notó cómo se iba volando la paloma cada vez que cerraban una puerta de golpe o discutían en forma acalorada.

—Tengo mucho miedo de que la paloma se vaya volando y no regrese nunca —dijo Bernice.

Entonces Sandy la miró y le dijo:

—O la paloma se adapta a nosotros o nosotros nos adaptamos a ella. De modo que modificaron sus conductas... solo para mantener a la paloma cerca.

Las palomas son cordiales, cariñosas y asustadizas con la gente, ya que le temen. Usted no puede acercarse físicamente a una paloma, ya que volará antes de que pueda hacer contacto con ella.

Así como la paloma, el Espíritu Santo es fácilmente entristecido y apagado. Nos guste o no, *lo más fácil del mundo es entristecer al Espíritu Santo*. Quizás necesite tiempo para asimilar la frase anterior, pero créame, no es una exageración.

La conclusión es esta: el Espíritu Santo es en verdad una persona muy sensible. Cuando Pablo dijo: "No *contristen* al Espíritu Santo" (Efesios 4:30, énfasis agregado), usó una palabra griega que significa herir los sentimientos. El Espíritu Santo se lastima con mucha, mucha facilidad.

El mayor desafío al que me he enfrentado es intentar pasar un día o dos sin contristar al Espíritu. Eso le pasa a uno aunque no sea intencional. ¡Nos pasa aunque intentemos no hacerlo! Quizás usted diga: "Eso no es justo". Lo entiendo porque lo he pensado mil veces. Pero ese es uno de los *rasgos* del Espíritu Santo.

He llegado a comprender este aspecto del Espíritu Santo al pasar cada vez más tiempo con él. Cuanto más lo conozco, más veo lo pecador que soy: lo frágil, débil, lamentable e indigno que es todo en mí. También he descubierto que rara vez sé en qué momento contristo al Espíritu. No siento nada cuando hago un comentario imprudente a un amigo o un extraño; muestro mi frustración con una anciana en la caja registradora de un supermercado que tiene todo el día y uno tiene prisa; hablo impacientemente por teléfono con un novato representante de una aerolínea, le toco la bocina al auto que va delante de mí lentamente o digo una palabra desagradable sobre alguien. "Dije la verdad", quizás alegue usted. De acuerdo, pero aun así contristó al Espíritu Santo; la paloma se va volando en ese momento.

Cuanto más tiempo pasamos con Dios, más vemos su santidad y nuestro pecado. No es que el Espíritu Santo nos abandone cuando tropezamos; no, él nunca nos deja (Juan 14:16). Pero perdemos lo que genera su presencia: un pensamiento claro, la comprensión de un versículo difícil de la Biblia, el conocimiento de lo que contrista al Espíritu. Dios es misericordioso y perdonador. Pero quiere que conozcamos sus caminos. Conocer sus caminos implica pasar tiempo con él. Puede que haya atajos, pero no los he encontrado.

REFLEXIÓN PERSONAL

Al leer el devocional de hoy, ¿recuerda a alguien a quien aún no ha perdonado por completo? Tómese un tiempo, ahora mismo, para pedirle al Espíritu Santo que le recuerde cualquier cosa de su vida que pueda resultarle dolorosa a él.

_____

_____

_____

Imagínese al Espíritu Santo como una paloma que descansa sobre su hombro mientras viaja a lo largo del día. ¿Cómo hablaría usted con los demás? ¿Qué vería en la televisión? ¿Qué ajustaría al estar consciente de que una Persona tan sensible está con usted?

_____

_____

_____

UNA MEDIDA MAYOR

El Espíritu del Señor reposará sobre él:
Espíritu de sabiduría y de entendimiento,
Espíritu de consejo y de poder,
Espíritu de conocimiento y de temor del Señor.
—Isaías 11:2

¿Quiere más del Espíritu Santo? Yo sí, seguro que sí. Algunas personas podrían cuestionar eso de querer "más" del Espíritu Santo. Son gente que sostienen que o usted tiene todo lo del Espíritu Santo o no tiene nada. Esta es una observación superflua y, por cierto, muy engañosa. La idea central de todas las cartas del Nuevo Testamento es aumentar nuestra fe, acercarnos a Dios y obtener más de él. Solo Jesús tuvo el Espíritu Santo sin límite (Juan 3:34). Usted y yo solo tenemos una "medida" del Espíritu, razón por la cual también tenemos una medida de fe (Romanos 12:3).

Los discípulos le pidieron a Jesús: "¡Aumenta nuestra fe!" (Lucas 17:5). Como dijo un hombre: "Creo; ¡ayuda mi incredulidad!" (Marcos 9:24). Usted y yo nos encontramos a menudo en esta misma posición; luchamos pero queremos que Dios aumente nuestra fe. Esto viene en proporción a obtener una mayor medida del Espíritu Santo.

La siguiente enseñanza podría parecer dirigida a predicadores o líderes, pero *todos* los cristianos —hombres y mujeres, jóvenes y viejos—, la necesitan. Aunque no sea pastor ni líder, esto se aplica a usted, cualquiera que sea su trabajo, don o llamado. También podría ayudarlo a apreciar la responsabilidad que tienen su pastor y los líderes de la iglesia y hacer que ore más intensamente por ellos. Todos los lectores se beneficiarán de lo que sigue.

No tome lo que digo en estas líneas como si procediera de un experto. Dije al principio que no vi al Espíritu Santo obrar en mi ministerio como esperaba; por lo que todavía oro. Lo que sigue son sugerencias. Me han llevado a la poca unción que tengo. Dios aún no ha terminado conmigo. Pero esto es lo que les pongo.

Si quiere más del Espíritu Santo, primero pídalo. Pablo pidió que los efesios oraran para que le diera "palabras" cuando hablara (6:19). Jesús dijo que debemos pedir y el Padre nos dará el Espíritu Santo. (Ver Lucas 11:9-13 y Santiago 4:2).

Los que han leído mi libro *Fuego santo,* tal vez recuerden la experiencia con el Espíritu Santo que me transformó cuando conducía de Palmer, Tennessee, a Nashville el 31 de octubre de 1955. Lo que sucedió fue el resultado de que le *pedí* más a Dios. Para mi asombro (nunca lo he superado), de repente fui testigo de cómo Jesús intercedía por mí a la diestra de Dios Padre. Después de estar en el Espíritu durante una hora, escuché literalmente estas palabras de Jesús al Padre: "Él lo quiere". El Padre respondió: "Él puede tenerlo". Al instante, una cálida oleada del Espíritu entró en mi corazón. Se me dio una paz que no sabía que fuera posible tener en esta vida. Eso cambió mi ser y también mi teología. Nunca he sido el mismo desde entonces.

Segundo, si quiere una medida mayor del Espíritu, dedique tiempo a suplicarle a Dios y a esperar que él actúe. Quizás se pregunte: "¿Pero cómo puedo conocer los caminos de Dios con solo pasar tiempo con él?". La respuesta es, ¡sí puede! Pasar tiempo a solas con Dios lo honra, además de que afirma su Palabra y su promesa. Cuando hace eso, parte de la recompensa es que usted empieza a conocer sus caminos. Obtiene este beneficio simplemente al pasar tiempo seriamente con él, por aburrido que le parezca.

Es maravilloso conocer los caminos de Dios. ¡Eso significa que está llegando a conocer a Dios en una manera que el antiguo Israel no pudo! Dios se lamentó: "No han conocido mis caminos" (Hebreos 3:10). Pero Dios no dirá esto de usted cuando se dedique a pasar tiempo con él.

El poder no proviene de cuánto sé, de cuánto leo comentarios y libros, o de cuánto tiempo paso en comunión con amigos piadosos. Proviene de buscar el rostro de Dios en el equivalente de una "tienda de reunión". (Ver Éxodo 33:7, 9, 11).

La intimidad con Dios se logra esforzándonos por pasar todo el tiempo posible con él. Nunca olvide que él es un Dios celoso (Éxodo 20:5). Si no le gusta este aspecto de la naturaleza de Dios, lo siento, pero —simplemente— él es así. Dios quiere que lo ame por lo que él es.

Puedo hacerle esta promesa: conózcalo pasando tiempo con él y se sentirá abrumado por el asombro de que tengamos un Dios como él.

REFLEXIÓN PERSONAL

Tómese un tiempo, ahora mismo, para pedirle al Señor una mayor medida de su Espíritu. ¿Qué siente o percibe de él cuando le pregunta eso? No se impaciente por una respuesta; espere en él.

_____

_____

¿Cómo se ha manifestado la presencia del Espíritu Santo en su vida? ¿Ha experimentado su presencia en su cuerpo físico o tal vez en algún oleaje de paz o conocimiento interior? Dedique un tiempo a agradecer al Señor por cualquier forma en que su Espíritu se le haya revelado a usted.

_____

_____

_____

Día 8

NADA DE ATAJOS

Ahora bien, el Señor es el Espíritu,
y donde está el Espíritu del Señor, allí hay libertad.
Así, todos nosotros, que con el rostro descubierto
reflejamos como en un espejo la gloria del Señor,
somos transformados a su semejanza con más y más
gloria por la acción del Señor, que es el Espíritu.
—2 Corintios 3:17-18

Si usted y yo realmente queremos llevarnos bien con el Espíritu Santo, no podremos tomar atajos. Se necesita tiempo, pero ¡el esfuerzo vale la pena!

Usted querrá conocer su Biblia al derecho y al revés. Es casi seguro que debería comenzar con un plan de lectura de la Biblia. Cualquiera servirá, pero debe ser uno que le lleve a través de la Biblia en un año. Mi plan de lectura con la Biblia en inglés de Robert Murray M'Cheyne (1813-1843) me lleva a través de los Salmos y el Nuevo Testamento dos veces al año.

Los que están en el ministerio deben leer la Biblia no solo esperando un sermón ni incluso una "palabra rhema" o viva. Léala usted mismo. Conózcala. Conozca a los patriarcas: Abraham, Isaac, Jacob y José. Conozca la historia de Israel. Conozca el trato de Dios con Moisés.

Aprenda el lugar que tiene la ley en el plan de redención de Dios. Conozca los Salmos y los Profetas. Comprenda las enseñanzas de Jesús. Conozca los milagros y cómo descendió el Espíritu Santo el día de Pentecostés. Vea y entienda la historia de la iglesia primitiva en el Libro de los Hechos. Enamórese de los escritos de Pablo y de todos los apóstoles. Lo que usted está leyendo es la mismísima Palabra de Dios.

No hay conocimiento bajo el sol que se iguale al vasto conocimiento de la Sagrada Escritura. No cambiaría lo que conozco de la Biblia por ninguna cantidad de dinero ni por el físico, filósofo o médico más erudito de este mundo. Lo que yo tengo, usted también lo puede tener. Cualquiera puede tenerlo. Se obtiene simplemente leyendo la Biblia hasta el punto de llegar a conocerla por completo.

Le haré una segunda afirmación garantizada: *nunca se arrepentirá de haber invertido tiempo en la Palabra de Dios.* Ya sea usted ministro o taxista, pastor de niños o camarero de un restaurante, líder de adoración o contador (cualquier profesión que se le ocurra), conozca su Biblia mejor que cualquier otro libro. La recompensa es incalculable. Estar en buenos términos con el Espíritu Santo es mejor que estar conectado con celebridades, la realeza o el presidente de una nación. Nunca olvide lo que dijo el gran evangelista Dwight L. Moody (1837-1899): "La Biblia no se nos dio para aumentar nuestro conocimiento, sino para cambiar nuestras vidas".

Uno podría pensar que esto es evidente, pero si usted quiere más del Espíritu Santo, también debe llevar una vida santa. Ninguno de nosotros somos naturalmente propensos a *desear* la santidad. Los términos *santidad* y *santificación* (el proceso por el cual llegamos a ser más santos) pueden usarse indistintamente. ¡Todos somos congénitamente alérgicos a la santidad! Si el fuerte deseo de santidad fuera automático con la fe en Cristo, no necesitaríamos las epístolas del Nuevo Testamento.

La razón por la que tenemos las epístolas es que la búsqueda de la santidad y la santificación se debe *enseñar*.

La doctrina de la santificación del Nuevo Testamento es el mismo dogma de la gratitud. Es nuestra manera de decir: "Gracias, Señor, por salvar mi alma". La gratitud, en ciertas ocasiones, es espontánea; pero muchas veces no lo es. Jesús curó a diez leprosos, pero solo uno de ellos regresó para dar las gracias. La observación de Jesús fue inmediata: "¿Dónde están los otros nueve?" (Lucas 17:17). Esto me dice tres cosas: (1) Dios ama la gratitud; se siente honrado cuando nos tomamos el tiempo para agradecerle. (2) Dios odia la ingratitud; la califica con los pecados más atroces (Romanos 1:21-32; 2 Timoteo 3:2). (3) La gratitud se debe enseñar.

Necesitamos que se nos enseñe y se nos recuerde que debemos ser agradecidos, tal como Pablo les recordó a sus seguidores: "Den gracias en todo" (1 Tesalonicenses 5:18). Asimismo, se debe enseñar la santidad: "La voluntad de Dios es que sean santificados" (1 Tesalonicenses 4:3).

En una palabra, si usted quiere estar en buenos términos con el Espíritu de Dios, recuerde que él es el Espíritu Santo y que escribió el Antiguo y el Nuevo Testamento. Las epístolas del Nuevo Testamento podrían resumirse mostrando la necesidad de la santidad y llevando una vida santa.

REFLEXIÓN PERSONAL

¿Alguna vez ha completado un plan de lectura de la Biblia? ¿Qué fue lo que más le gustó y qué fue lo que lo desafió a cumplir con un horario para ello? ¿Cómo podría aumentar su estudio deliberado de las Escrituras?

_____

_____

¿Qué fue lo último por lo que le dio gracias a Dios? Dedique algo de tiempo hoy y haga una lista de todas las cosas por las que pueda darle gracias. Pregúntele al Espíritu Santo si hay algún área de su vida en la que él quiera mejorarlo en cuanto a la santidad.

_____

_____

DÍA 9

UNA UNCIÓN MAYOR

Si ustedes me aman, obedecerán mis mandamientos.
Y yo pediré al Padre y él les dará otro Consolador
para que los acompañe siempre: el Espíritu de
verdad, a quien el mundo no puede aceptar porque
no lo ve ni lo conoce. Pero ustedes sí lo conocen,
porque vive con ustedes y estará en ustedes.
—Juan 14:15-17

Hace años, un abogado británico entró en la sacristía de la Capilla de Westminster y me dijo: "Creo que estoy llamado a predicar". Le sugerí que probara ese llamado uniéndose a nosotros testificando a los perdidos en las calles de Westminster el sábado por la mañana. Él respondió de inmediato: "No soy bueno para testificarle a una persona, pero sí para hablar a miles". Le respondí lo más gentilmente que pude: "Si no está dispuesto a testificar a una sola persona, no está llamado a testificar desde un púlpito a miles". Nunca más lo vi.

A las pocas semanas de convertirme en ministro de la Capilla de Westminster, le pregunté a la congregación: "¿Cuántos de ustedes nunca han guiado un alma a Jesucristo?". Estaba hablando con los miembros habituales de nuestra iglesia cuando pregunté esto. ¡Pero también podría dirigirme a aquellos que están en el ministerio con la misma pregunta! Un ministro que no puede testificarle a una persona individualmente, en mi sincera opinión, no es apto para predicar el evangelio desde el púlpito.

Todos estamos llamados a hacer eso. Si vemos que los perdidos comienzan a venir a Cristo por millones, creo que sucederá porque el gigante dormido llamado el cuerpo de Cristo se despierta, se entusiasma y comienza a hablar de Jesús a sus vecinos, amigos y a todos los que conocen.

No hay nada como testificar de Jesucristo para lograr intimidad con Dios, es decir, si lo que uno desea es intimidad con el Espíritu Santo.

En mi opinión, la iglesia hoy está dormida. Esa fue la evaluación de Jesús en cuanto a la iglesia en los últimos tiempos: dormida. Habiendo descrito los últimos días en Mateo 24, Jesús dijo en Mateo 25:1: "Entonces" —en ese momento, durante los últimos tiempos— "el reino de los cielos será como diez vírgenes". Cinco eran prudentes y cinco insensatas, pero todas se adormecieron y durmieron (v. 5). Sí, esa es la mejor manera que conozco de describir a la iglesia de hoy: dormida. En el mundo natural usted no sabe que está dormido hasta que se despierta. La misma verdad se aplica en el mundo espiritual. Nosotros —el cuerpo de Cristo, la iglesia— no sabemos que estamos dormidos espiritualmente. Y no nos daremos cuenta de que hemos estado durmiendo hasta que despertemos.

Cuando ocurra el clamor de medianoche descrito en Mateo 25, despertaremos y daremos testimonio sin avergonzarnos de Jesucristo ante todos: amigos, vecinos y extraños. Por desdicha, en estos tiempos, un espíritu de miedo prácticamente paraliza a la iglesia y nos mantiene en un sueño espiritual.

Mi punto es este: si lo que quiere usted es poder, intente hablar con la gente sobre Jesús dondequiera que vaya.

Además de ser un testigo audaz, si quiere mejorar su relación con el Espíritu Santo, asegúrese de buscar la honra y la alabanza de Dios, no de las personas. Juan 5:44 ha sido mi versículo vital durante casi sesenta y cinco años: "¿Cómo va a ser posible que ustedes crean, si reciben gloria unos de otros, pero no buscan la gloria que viene del Dios único?". No estoy seguro de por qué ha permanecido conmigo toda mi vida, pero sé que me atrapó por primera vez en 1956 porque dos de mis mentores lo citaban a menudo. Cuando digo "versículo vital", no quiero sugerir ni por un minuto que he estado a la altura de ese versículo. He fallado muchas veces, pero he tratado de vivir según lo que afirma.

Juan 5:44 muestra que debemos vivir y hablar ante la mejor audiencia, la constituida por una sola persona, es decir: Dios. Malaquías 3:16 dice que Dios escucha a escondidas nuestras conversaciones. Si comenzamos a hablar unos con otros conscientes de que Dios mismo está escuchando, podría cambiar drásticamente el tono de nuestras conversaciones.

Juan 5:44 revela la razón por la que los judíos extrañaban a su Mesías: eran adictos a la aprobación de sus compañeros judíos. No querían perder a un amigo por el hecho de admitir que Jesús de Nazaret era el Mesías de Dios. Si hubieran estado motivados por la honra que proviene del único Dios, como debería haber sido, no habrían estado motivados por el temor mutuo, sino por el temor de Dios. Esto demuestra que usted y yo podríamos perdernos lo que Dios está haciendo hoy si nos preocupamos más por lo que piensa la gente que por lo que piensa Dios. Permita que lo motive ¡la honra y la alabanza que provienen únicamente de Dios!

Por último, si queremos más del Espíritu Santo, también debemos estimar el fruto del Espíritu tanto como sus dones y viceversa. He observado que las personas del Espíritu tienden a enfatizar los dones del Espíritu. Algunos sienten que los dones son decididamente más importantes; deberíamos hablar de los dones, a menudo hablando en lenguas. Lo siento, pero me encuentro con muchos cristianos carismáticos que quieren hablar solo de la glosolalia y el orar en lenguas. A veces dan la impresión de que están muy por encima de aquellos que no hablan en lenguas. Algunos de ellos también tienden a subestimar el fruto del Espíritu.

La gente de la palabra parece enfatizar el fruto del Espíritu. Suelen quedarse callados cuando se trata de los dones. ¡Eso parece poner nerviosos a algunos de ellos!

Para muchas personas de la Palabra, hablar en lenguas es lo más ofensivo del planeta. En algunas denominaciones, por ejemplo, usted puede cometer adulterio, divorciarse varias veces y ser masón, que —de todos modos— será perdonado. Pero si se filtra la noticia de que habla en lenguas, inmediatamente le mantienen a distancia, le ponen bajo sospecha y le mantienen a raya indefinidamente. Ojalá eso no fuera cierto. Y, sin embargo, debemos estar dispuestos a aceptar el estigma que conlleva no avergonzarnos del don de hablar u orar en lenguas. No quiero ser injusto, pero hablando en términos particulares, eso es parte del precio a pagar si queremos una mayor unción del Espíritu. Ser mantenido a raya, o incluso rechazado, vale el precio de una mayor unción. ¿No querría usted una unción mayor que cualquier cosa en el mundo?

REFLEXIÓN PERSONAL

¿Cómo le hace sentir la idea de testificar de Jesucristo? ¿Qué cree que se interpone en su manera de compartir con otros sobre el evangelio? Si tiene miedo al hombre, tómese un tiempo para arrepentirse y comprometerse a vivir para una audiencia de una sola persona. Pregúntele al Señor si hay alguien con quien él quisiera que comparta algo hoy.

_____

_____

Tómese un tiempo para repasar el fruto del Espíritu así como los dones del Espíritu. ¿Cree que se ha centrado en cualquiera de ellos a costa del otro?

_____

_____

EL FRUTO DEL ESPÍRITU: AMOR

En cambio, el fruto del Espíritu es amor, alegría, paz,
paciencia, amabilidad, bondad, fidelidad, humildad y
dominio propio. No hay ley que condene estas cosas.
—Gálatas 5:22-23

El fruto (no los *frutos*) del Espíritu surge de la obediencia. El fruto del Espíritu es un requisito para todos los creyentes. Aun cuando los dones del Espíritu, que exploraremos en los días 13 al 16, son otorgados soberanamente (1 Corintios 12:11, 18) y son irrevocables (Romanos 11:29), el fruto del Espíritu es lo que usted y yo estamos obligados a seguir.

El fruto del Espíritu Santo es el efecto o resultado de llevar la vida cristiana en obediencia. Es lo que fluye en aquellos que resisten las "obras de la carne", es decir, "inmoralidad sexual, impureza, sensualidad, idolatría, hechicerías, enemistades, contiendas, celos, iras, rivalidades, disensiones, divisiones, envidias, borracheras, orgías" (Gálatas 5:19-21). Aquellos que ceden a las obras de la carne pierden su herencia en el reino de Dios (v. 21).

Para decirlo de otra manera, la persona genuinamente salva no tiene otra opción; el fruto del Espíritu es un mandato.

El amor figura en el primer lugar de la lista. ¿Por qué? Posiblemente porque mostrar amor ágape tal vez incorpore todas las otras cualidades de la lista de Pablo.

Tres palabras griegas se traducen como amor: (1) *ágape* es amor desinteresado y generoso; (2) *eros* es amor físico; y (3) *philia* es amor fraternal. Gálatas 5:22 usa el amor *ágape*. Si realmente experimenta este amor, tendrá gozo, paz, paciencia, bondad, fidelidad, gentileza y dominio propio. Encontramos la prueba en 1 Corintios 13, donde Pablo explica el significado del amor ágape. Una vez que comprenda 1 Corintios 13, descubrirá que todo lo que Pablo llama "fruto del Espíritu" está bellamente entretejido en 1 Corintios 13.

También debo indicar las dos formas en que se manifiesta el fruto del Espíritu:

1. De manera espontánea. Por extraño que parezca, ¡a veces el amor simplemente estalla! Como un géiser que arroja agua sin provocación ni causa, el amor a veces fluye sin esfuerzo por nuestra parte. Viene fácilmente. El Espíritu Santo hace eso.

2. Por un acto volitivo. En cambio, la misma persona que ayer experimentó espontáneamente este amor, hoy lucha con él. ¿Qué hace usted? Se obliga deliberadamente a no guardar rencor; se niega a señalar con el dedo. Trabaja en ello. Pero como tiene el Espíritu Santo, puede hacerlo. Ayer fue fácil. Hoy no lo es.

3. ¿Por qué? Creo que a veces el Espíritu Santo simplemente está esperando que hagamos un esfuerzo. De cualquier manera, el resultado es mostrar a los demás que realmente manifiesta el fruto del Espíritu.

La clase de amor mencionado en el fruto del Espíritu es un amor sacrificado, desinteresado. Es el tipo de amor que motivó a Dios a enviar a su Hijo al mundo (Juan 3:16). Este amor se resume mejor en 1 Corintios 13:5 (PDT), que afirma: el amor "no lleva cuenta de las ofensas". Sin embargo, ¿por qué llevamos cuenta de las ofensas? Para mostrar que hemos pagado lo que debemos. ¿Por qué llevar un registro de las ofensas? Para revivir el pasado, señalar con el dedo y hacer que las personas se sientan culpables. Sin embargo, cuando experimentamos el amor ágape, no nos interesamos en destacar los errores pasados de otros. Así como Dios perdona, nosotros también perdonamos. Este amor es el primer fruto mencionado por Pablo en la lista de las virtudes del Espíritu. Según este apóstol, las demás cualidades que siguen están enraizadas en este amor.

También hay ocasiones en las que el amor fruto del Espíritu se manifiesta aparte del acto del perdón. Hay veces en que la paloma desciende sobre nosotros espontáneamente sin que tengamos que perdonar conscientemente por un acto de la voluntad. ¡Dios puede decidir aparecer cuando ni siquiera estamos orando! Él es a la vez soberano y misericordioso. El amor que fluye del Espíritu puede incluso experimentarse al negarse a ceder a cualquier tentación de la carne, incluidas la tentación sexual, la codicia o los celos. El mismo fruto del Espíritu a menudo se manifestará a través de nuestra dignificación de una prueba. En otras palabras, en vez de quejarnos y murmurar cuando llega una prueba repentina, nos sometemos a ella, ya que "viene de arriba", tal cual dice el himno "como un río glorioso".

Lo mismo puede decirse de otros frutos del Espíritu. Aunque perdonar conscientemente a los demás resultará en amor, gozo y paz, podemos descubrir ese fruto del Espíritu porque nuestras vidas están siendo dirigidas por un Dios soberano y misericordioso.

REFLEXIÓN PERSONAL

¿Ha experimentado un amor espontáneo por alguien, uno que simplemente irrumpe en su corazón sin explicación? Tómese un tiempo para recordar ese momento. Pregúntele al Señor qué le estaba enseñando acerca de su naturaleza y su reino a través de esta experiencia.

_____

_____

_____

¿Ha experimentado la elección deliberada de amar a alguien cuando no es fácil hacerlo? Tómese un tiempo para recordar el momento que decidió amar. Pregúntele al Señor qué le estaba enseñando sobre el fruto del Espíritu y su amor intencional.

_____

_____

_____

ALEGRÍA, PAZ,

PACIENCIA, AMABILIDAD

En cambio, el fruto del Espíritu es amor,
alegría, paz, paciencia, amabilidad, bondad,
fidelidad, humildad y dominio propio. No
hay ley que condene estas cosas.
—Gálatas 5:22-23

La alegría es un sentimiento interno muy placentero. La diferencia entre alegría y felicidad es que la primera es interna; la segunda proviene de cosas externas que nos hacen sentir bien: una carta amable, un aumento de sueldo, un halago. La alegría, sin embargo, es interna. Este placer surge de negarse voluntariamente a señalar con el dedo a otro. Es un acto de la voluntad.

Cuando me niego a señalar con el dedo, por difícil que a veces pueda resultar, el efecto —tarde o temprano— es el mismo: alegría. Placer interno. Me siento bien por haberme resistido a señalar con el dedo. Es como si el Espíritu me recompensara por no llevar registro de mis errores. Pero como dije antes, uno puede sentirse alegre al negarse a quejarse o al no ceder a ninguna tentación de la carne.

Al igual que el amor, la alegría puede surgir mediante un acto volitivo (como acabo de describir) o de forma espontánea. Hace años, experimenté una alegría espontánea mientras conducía mi automóvil desde Palmer, Tennessee, a Nashville. Es bastante difícil de describir. Fue verdaderamente "un gozo inefable y glorioso" (1 Pedro 1:8). Duró un buen tiempo, pero un día, de repente, se acabó. Después de eso, tuve que obtener mi alegría —de una manera voluntaria, activa y deliberada— obviando las faltas de los demás que me molestan. O resistiéndome a la queja. O no hablando mal de otra persona, ¡aun cuando lo que pudiera haber dicho fuera cierto! Uno puede decir algo que puede ser cierto acerca de otro individuo, no obstante, entristeceremos al Espíritu si el motivo es hacer que esa persona quede mal.

Ahora puede entender lo que quise decir cuando afirmé que el fruto del Espíritu, unas veces, es espontáneo y —otras— es por un acto de la voluntad. Sin embargo, como ya indiqué, es porque tiene al Espíritu Santo que usted puede producir el mismo fruto por un acto de su voluntad.

La paz es igualmente difícil de describir. No es simplemente ausencia de ansiedad; es la presencia innegable de un sentimiento de calma en lo más profundo de nuestro interior. Calma es quizás la mejor palabra para describir eso. Es un sentimiento de dominio propio, un fruto que Pablo incluye al final de la lista. Usted no puede alcanzar la paz instantánea mediante un acto de la voluntad, pero puede hacer lo que conduce a ella al pasar por alto —deliberadamente— las faltas de los demás, negándose a señalar con el dedo y diciéndole solo a Dios, no a otros, lo que siente (Salmos 142:2).

Paciencia es la firmeza para soportar el dolor, el retraso o los problemas sin enojarse ni molestarse. Insisto, unas veces esto se da con una facilidad espontánea; otras veces, debe obligarse a no quejarse. Es por eso que Santiago dijo que deberíamos *considerarnos* muy dichosos cuando tengamos que enfrentarnos con diversas pruebas (Santiago 1:2). Santiago añadió: "Mas tenga la paciencia su obra completa, para que seáis perfectos y cabales, sin que os falte cosa alguna" (v. 4 RVR1960).

Pedro tiene su propia lista de cualidades, similar a la de Pablo pero no en el mismo orden.

> Precisamente por eso, esfuércense por añadir a su fe, virtud; a su virtud, conocimiento; al conocimiento, dominio propio; al dominio propio, constancia; a la constancia, devoción a Dios; a la devoción a Dios, afecto fraternal; y al afecto fraternal, amor. Porque estas cualidades, si abundan en ustedes, los harán crecer en el conocimiento de nuestro Señor Jesucristo y evitarán que sean inútiles e improductivos.
>
> —2 Pedro 1:5-8

Este pasaje manifiesta que el orden de las virtudes enumeradas no es de suma importancia; muestra cómo las mentes de dos hombres piadosos funcionan de manera diferente. Además, mientras que Pablo enumera algunas de estas cualidades como "fruto" del Espíritu, Pedro nos impone la responsabilidad como si fuéramos responsables de tal búsqueda. El punto es que el fruto del Espíritu enumerado por Pablo y las cualidades referidas por Pedro son lo que usted y yo debemos mostrar.

Hay una diferencia entre el fruto del Espíritu y los dones del Espíritu. Usted y yo estamos obligados a manifestar amor, paciencia y cariño fraternal; no se nos exige tener el don de milagros ni el de discernimiento de espíritus, como veremos en el día 13.

El autor de Hebreos escribió a unos creyentes judíos desanimados: "Perseverar con paciencia es lo que necesitan ahora" (10:36 NTV). ¿Acaso todos no hacemos eso? Algunas veces tal virtud fluye pasivamente sin esfuerzo; otras, como vengo diciendo, debemos esforzarnos por hacer estas cosas puesto que tenemos el Espíritu Santo.

Pablo dijo:

El amor es paciente, es bondadoso.
—1 Corintios 13:4

Bondadoso implica ser considerado, amigable o amable. He aprendido que la amabilidad ayuda mucho a la hora de persuadir a la gente y ganar su apoyo. En los días que me reuní con Yasser Arafat (1929-2004) y algunos palestinos, aprendí una cosa con certeza: nuestra doctrina no los ganará; demostrar que nos interesan sí lo hará. Eso es todo. Cuando sienten eso de parte nuestra, son mucho más propensos a escuchar lo que tenemos que decirles.

Es por eso que Santiago hace un gran comentario, a saber, que al hombre "pobre" (2:6) no lo impresionará nuestra sana enseñanza sino nuestras buenas obras. Santiago preguntó: "¿Acaso podrá salvarlo [al pobre] esa fe?" (v. 14). Respuesta: no, pero es más probable que nuestra amabilidad lo convenza.

La bondad, por tanto, es un fruto del Espíritu Santo, ¡aun cuando tenga que recordarse a sí mismo que debe ser amable!

Reflexión personal

Considere los momentos o estaciones de su vida en los que ha experimentado mayor alegría. ¿Cuánto de esa alegría fue resultado de un sentimiento espontáneo y cuánto lo fue de decisiones deliberadas de su parte? ¿Qué decisiones ha tomado que le hayan llenado de gran alegría?

_____

_____

¿En qué aspecto siente usted que el Espíritu Santo le impulsa a dar mayores frutos? ¿Le resultan fáciles cosas como la paz, la paciencia y la bondad o requieren más esfuerzo de su parte? ¡Pídale al Espíritu Santo que lo llene hoy con una medida mayor de su gracia fortalecedora!

_____

_____

BONDAD, FIDELIDAD, HUMILDAD,

DOMINIO PROPIO

En cambio, el fruto del Espíritu es amor,
alegría, paz, paciencia, amabilidad, bondad,
fidelidad, humildad y dominio propio. No
hay ley que condene estas cosas.
—Gálatas 5:22-23

*B*ondad significa, simplemente, ser bueno, ser decente,
mostrar altruismo. Es cuando nos esforzamos por
hacer algo útil. A menudo utilizamos la expresión
"Es bueno que seas así". Es lo opuesto a ser malo, malvado
o inmoral.

Lucas dice de Bernabé que era "un hombre bueno" (Hechos
11:24). Para que un ser humano sea calificado como "buen
hombre" en las Sagradas Escrituras, podemos decir con seguridad que Bernabé era un caso inusual. Los que lo conocían
le tenían tanto respeto que, aun cuando todos sospechaban
profundamente de Saulo de Tarso, incluso después de su conversión, Bernabé pudo lograr que lo aceptaran (9:27). A los
discípulos se los llamó cristianos, por primera vez, en Antio-
quía cuando Bernabé estaba presente (11:26).

Cuando fui a la Universidad Trevecca Nazarene en Nashville, en 1953, recuerdo haber ido a una tienda a comprar algo. Pero me di cuenta de que olvidé el dinero. El gerente afirmó: "¿Dijiste que eras de Trevecca?". A lo que respondí afirmativamente. "Entonces tienes crédito aquí. Todos sabemos que esa gente es buena". ¡Qué gran reputación!

Fidelidad significa ser digno de confianza, ser leal, tener integridad. Un marido fiel es aquel que evita la actividad sexual con otra mujer. Sí, un hombre fiel, ¿quién podrá encontrarlo? Tomemos como ejemplo la lealtad. He llegado a la conclusión de que no hay forma de saber de antemano si una persona será leal. No conozco ninguna prueba que se pueda realizar, ninguna pregunta formulada en una entrevista, que pueda ayudar a determinar si una persona será fiel. Un líder necesita un ayudante que sea leal; una esposa necesita un marido que sea fiel; una persona rica necesita a alguien a su alrededor que no solo tenga sabiduría sino que también sea digno de confianza.

En cualquier caso, el fruto del Espíritu da como resultado que una persona tenga la rara cualidad de la integridad. Medite en eso por un momento. Una persona que sigue al Espíritu Santo no engañará, mentirá ni traicionará. Sin embargo, por desdicha, hoy en día se descubre que muchos líderes eclesiásticos carecen de integridad financiera o fidelidad sexual. Cualquier otra cosa que eso indique, muestra que la persona carece del fruto del Espíritu Santo. Si todos los cristianos obedecieran coherentemente al Señor mostrando el fruto del Espíritu, ¡no habría infidelidad, inmoralidad sexual, deslealtad ni desconfianza en la iglesia!

Humildad proviene de una palabra griega que significa apacible y a veces se traduce como "docilidad". ¡Lo gracioso es que en el mundo grecorromano esa no era una cualidad digna de admiración! Todo lo contrario, los griegos veían esa palabra como sinónimo de cobardía y debilidad.

La fe cristiana, sin embargo, se apoderó de esa palabra para convertirla en algo que no solo debe ser admirado sino también buscado. Jesús dijo: "Dichosos los humildes" (Mateo 5:5). Humildad significa que usted no se pondrá a la defensiva si alguien habla en contra suya. Significa que aceptará las críticas sin hacer nada. Que pondrá la otra mejilla.

Tambien, por tanto, significa ser apacible o tierno. Pablo afirma que el amor "no se irrita fácilmente" (1 Corintios 13:5). Jesús dijo de sí mismo: "Soy manso y humilde de corazón" (Mateo 11:29). Moisés era "más humilde [manso] que cualquier otro sobre la tierra" (Números 12:3).

La humildad no es una cualidad que admiraran los antiguos griegos. ¡En el mundo actual ciertamente no es la forma de ganar elecciones si se está en política! Sin embargo, es un fruto del Espíritu Santo y, si usted y yo seguimos al Espíritu con todo nuestro corazón, mostraremos este fruto de humildad.

La expresión *dominio propio* proviene de la palabra griega *egkrateia*. Vocablo que denota "la virtud de quien domina sus deseos y pasiones, especialmente sus apetitos sensuales". Sócrates (c. 470 a 399 a. C.) la consideraba una virtud cardinal. Para Filón (c. 20 a. C. a 50 d. C.) significaba una cualidad superior a todo deseo. Se expresaba de forma moderada en relación con la comida, el sexo y el uso de la lengua. Pablo la usó como sinónimo de "disciplina" con respecto a los atletas: "Todos los deportistas se entrenan con mucha disciplina" (1 Corintios 9:25).

El hecho de que sea fruto del Espíritu Santo es un desafío para la mayoría de nosotros. Todos necesitamos dominio propio —o disciplina o autocontrol—, ya sea al comer, hacer ejercicios, ver televisión o tomarnos un tiempo libre cuando trabajamos demasiado. Debido a que tenemos al Espíritu Santo, dice Pablo, *podemos* controlar cuánto comemos y si hacemos ejercicio, resistimos la tentación o cedemos al placer. Es sorprendente que no veamos esta palabra con más frecuencia. No está en los cuatro evangelios. ¡También es notable que Pablo incluya este fruto al final de su lista! ¡Podría haberlo puesto de primero!

El fruto del Espíritu nos permitirá resistirnos a exagerar cualquier cosa —sea cual sea el hábito o la tentación— que vaya contra la piedad.

No somos responsables de tener los dones del Espíritu, pero —nos guste o no— somos responsables de tener el fruto del Espíritu.

REFLEXIÓN PERSONAL

Piense en algunas personas cercanas de las que diría: "Ese era un buen hombre o una buena mujer". ¿Qué cualidades poseían que le harían decir eso sobre ellos? ¿Cómo impactó, la bondad de ellos, su vida?

_____

_____

_____

Proverbios señala que la fidelidad es una cualidad poco común en una persona. (Ver Proverbios 20:6). ¿Ha vivido la lealtad de un amigo o de un familiar? ¿Cómo le hizo sentir eso? ¿Se ha manifestado, en un momento de crisis, con fidelidad hacia otra persona?

_____

_____

¿Cuál cree que es la diferencia entre humildad y debilidad? ¿En qué se manifiesta el dominio propio o autocontrol en usted?

_____

_____

AMBICIONE LOS DONES

DEL ESPÍRITU

En cuanto a los dones espirituales, hermanos,
quiero que entiendan bien este asunto.
Ustedes saben que cuando eran paganos se dejaban
arrastrar hacia los ídolos mudos. Por eso les advierto que
nadie que esté hablando por el Espíritu de Dios puede
maldecir a Jesús; ni nadie puede decir: "Jesús es el Señor"
sino por el Espíritu Santo. Ahora bien, hay diversos
dones, pero un mismo Espíritu. Hay diversas maneras
de servir, pero un mismo Señor. Hay diversas funciones,
pero es un mismo Dios el que hace todas las cosas en
todos. A cada uno se le da una manifestación especial del
Espíritu para el bien de los demás. A unos Dios da por
el Espíritu palabra de sabiduría; a otros, por el mismo
Espíritu, palabra de conocimiento; a otros, fe por medio
del mismo Espíritu; a otros, y por ese mismo Espíritu,
dones para sanar enfermos; a otros, poderes milagrosos;
a otros, profecía; a otros, el discernir espíritus; a otros,
el hablar en diversas lenguas; y a otros, el interpretar
lenguas. Todo esto lo hace un mismo y único Espíritu,
quien reparte a cada uno según él lo determina.
—1 Corintios 12:1-11

Aunque a todos los creyentes se les ordena manifestar el fruto del Espíritu, los dones del Espíritu los otorga Dios —soberanamente— a algunas personas en el cuerpo de Cristo. Sin embargo, si cree que está exento de desear fervientemente los dones del Espíritu, le respondo: si no lo quiere, dudo que tenga al Espíritu Santo. Creo firmemente que si tiene el Espíritu Santo, acogerá con agrado la búsqueda del fruto del Espíritu. De la misma manera, si tiene el mismo Espíritu Santo en usted, tomará en serio la palabra de Pablo: "ambicionen" los dones del Espíritu (1 Corintios 12:31).

La palabra griega *zēloō* significa "arder de celo" o "ser ambicioso". Pablo usa esta palabra en 1 Corintios 12:31 para instruirnos a ansiar los dones del Espíritu. Existe un debate académico sobre si *zēloō* está en modo imperativo, es decir, si es una orden, o en tiempo presente, reconociendo así lo que los corintios ya ambicionaban. De cualquier manera, muestra lo que la gente del Espíritu quiere ¡o debería querer!

El fruto del Espíritu es una demostración al mundo de que somos diferentes. El mundo no sabe nada sobre el amor *ágape*, la alegría interior y la paz, sin mencionar el dominio propio. Los dones del Espíritu se otorgan no solo para nuestra *eficacia* en el mundo sino también para la *edificación* del cuerpo de Cristo. Los dones son para el "bien común" de la iglesia (1 Corintios 12:7).

En mi libro *Fuego santo* refuto la noción de que los dones del Espíritu cesaron hace siglos (nadie sabe cuándo) por decreto de Dios. ¡Si así fuera, el fruto del Espíritu también debería cesar!

Por dicha, ninguno de los dos cesó. Si Jesucristo es el mismo ayer, hoy y por los siglos (Hebreos 13:8), también el Espíritu Santo es el mismo ayer, hoy y por los siglos. Dios es el mismo.

Él no cambia (Malaquías 3:6). Los mandamientos de las Escrituras no cambian. Somos responsables de todos ellos.

Por ejemplo, cuando un nuevo cristiano comienza a leer la Biblia, lo hará pensando que Dios todavía es todopoderoso y puede y hace cualquier cosa. Qué triste cuando alguien le dice a este nuevo converso: "Ah, por cierto, no puedes creer toda la Biblia". ¡Los liberales dicen eso!

¿Por qué la gente de la Palabra enfatiza el fruto del Espíritu pero parece tímida al hablar de los dones? Respondo de nuevo: por las lenguas. Eso es todo. Nada más. Si no se hubiera mencionado el don de lenguas en 1 Corintios 12, nunca habría habido una enseñanza cesacionista. Las lenguas es lo que constituye la ofensa. Mi colega Charles Carrin dice: "Las lenguas son el único don espiritual diseñado deliberadamente para atacar el ego y el orgullo del hombre". No hay estigma cuando se trata de los otros dones: sabiduría, conocimiento, fe, milagros, profecía. ¿Quién no daría la bienvenida a ninguno de estos? ¡Pero debido a las lenguas, que pueden ser tan embarazosas, uno tiene que eliminar esos dones mayores! Y son los dones mayores, los "dones más elevados" (1 Corintios 12:31), los que debemos desear fervientemente.

Alguien sin duda dirá: "Dado que el don de lenguas está en al final de la lista, eso demuestra que no es importante". Error. Acabamos de ver que el dominio propio, un fruto muy importante en verdad, está al final de la lista de Pablo de los frutos del Espíritu. Estoy de acuerdo en que la sabiduría es un don más elevado que hablar en lenguas, pero todos los dones enumerados son importantes y valiosos.

Le digo a quien sea que quiera tanto al Espíritu Santo: ¡que esté dispuesto a comenzar desde abajo, donde está el estigma, si realmente quiere más del Espíritu Santo! ¿Quiere usted el don de la sabiduría? ¡Esté dispuesto a empezar desde abajo!

¿Le gustaría el don de sanidad? Esté preparado para comenzar desde abajo si realmente ansía los dones del Espíritu Santo como le indica la Palabra de Dios.

REFLEXIÓN PERSONAL

¿Cómo ha sido su experiencia con los dones espirituales? ¿Ha conocido personas que los usen? ¿Los ha visto en funcionamiento en usted? ¿Cuál ha sido el resultado?

_____

_____

_____

¿Está de acuerdo en que el don de lenguas puede resultar embarazoso? ¿Por qué cree eso? Pase algún tiempo con Dios, orando por los dones espirituales. ¿Qué don anhela ver moverse en su vida? ¿Cómo cambiaría este don al mundo que le rodea?

_____

_____

_____

DÍA 14

LOS DONES DE SABIDURÍA, CONOCIMIENTO Y FE

Hermanos míos, considérense muy dichosos cuando
tengan que enfrentarse con diversas pruebas, pues ya
saben que la prueba de su fe produce perseverancia.
Y la perseverancia debe llevar a feliz término la obra,
para que sean perfectos e íntegros sin que les falte nada.
Si a alguno de ustedes le falta sabiduría, pídasela a Dios
y él se la dará, pues Dios da a todos generosamente
sin menospreciar a nadie. Pero que pida con fe, sin
dudar, porque quien duda es como las olas del mar,
agitadas y llevadas de un lado a otro por el viento.
Quien es así no piense que va a recibir cosa alguna del
Señor; es indeciso e inconstante en todo lo que hace.
—Santiago 1:2-8

La sabiduría ocupa el primer lugar en la lista de Pablo y se la llama "palabra de sabiduría" (1 Corintios 12:8). Es posible que esto sea un don permanente para una persona o algo que se otorga una vez en una instancia. En otras palabras, algunos pueden tener un don permanente y siempre mostrar sabiduría en lo que dicen. Otros pueden tener una única declaración de sabiduría cuando sea necesario. El término *"declaración"* proviene del vocablo griego *"logos"*, que significa "palabra".

¡Es interesante que la sabiduría no sea fruto del Espíritu! También es curioso que los siete diáconos originales debían ser hombres "llenos del Espíritu y de sabiduría" (Hechos 6:3, énfasis añadido), lo que sugiere que una persona puede estar llena del Espíritu y aun así no tener sabiduría. Esta idea no me sorprende, ¡he visto personas llenas del Espíritu pero muy imprudentes!

La sabiduría, entonces, es un don del Espíritu. Sin embargo, además de ser eso, está a la disposición de todos. Debemos orar por sabiduría, según Santiago 1:5. Además, de acuerdo a Proverbios 9:10, el camino a seguir para alcanzar la sabiduría es "el temor de Jehová". La sabiduría no tiene nada que ver con el coeficiente intelectual o el estatus de la persona.

La palabra griega es *sophia*, algo que los antiguos griegos pensaban que estaba fuera del alcance de la gente común. Solo individuos como Platón, Sócrates y Aristóteles podían tener *sofía*. ¡Los primeros griegos fueron cesacionistas antes de su tiempo!

Sin embargo, el Nuevo Testamento ofrece sabiduría, pero esta es *para todos*. Sabiduría implica tener la presencia consciente de la mente del Espíritu. Es saber qué hacer a continuación: el siguiente paso hacia adelante en lo que Dios tiene pensado para usted. Es tener una visión previsiva perfecta. Todos tenemos una visión retrospectiva perfecta, pero si uno tiene la mente del Espíritu Santo, lo entenderá de antemano.

La sabiduría es el don supremo y primordial. Consígalo, "aunque tengas que vender todo lo que poseas" (Proverbios 4:7 TLA). Es el don más elevado, más grande y más importante. Los apóstoles lo tenían en la iglesia primitiva y lo exigían a los siete primeros diáconos. Pablo la enumera de primera cuando menciona los dones del Espíritu Santo.

El don de conocimiento también se conoce con el nombre de "palabra de conocimiento". Por otra parte, es importante saber que hay una diferencia entre sabiduría y conocimiento. La sabiduría no necesariamente implica conocimiento y el conocimiento ciertamente no implica sabiduría. Las personas pueden tener conocimientos extraordinarios pero carecer seriamente de sabiduría. La sabiduría es la forma en que usted *usa* o *aplica* el conocimiento que posee. El conocimiento puede ser un almacenamiento de hechos o información. Algunas personas conocen muchos hechos; otras tienen mucha información. ¿Podría ser esta la comprensión correcta de una expresión de conocimiento? Posiblemente. Dios podría, en un momento de necesidad, llamar a esa persona para que le diera una palabra oportuna basada en años de estudio.

Deberíamos conectar todos estos dones con el concepto de gracia común: la gracia especial que hay en la naturaleza. Toda la humanidad tiene un nivel de gracia común. Se llama común no porque sea ordinaria sino porque se da en común a todos, sean salvos o no. La gracia común se refiere a las habilidades naturales que usted recibió en la forma en que Dios le hizo, ya sea que se convierta en cristiano o no. En el nivel de la gracia común yacen su inteligencia, su capacidad de adquirir y retener conocimientos, su memoria y las tendencias genéticas que heredó de sus padres.

Mi observación es que los dones del Espíritu a veces se conectan con las habilidades naturales de uno. Por ejemplo, una vez redimidas mediante la salvación en Cristo, las personas que tienen astucia natural o buen juicio probablemente tendrán el don de sabiduría. En otras palabras, si una persona naturalmente inteligente se convierte en cristiana, no debería sorprender que tenga el don de expresar sabiduría. Lo mismo ocurre con el don de la expresión del conocimiento.

La palabra *conocimiento* proviene de *gnosis*, refiriéndose a veces al conocimiento reveladoo del ámbito espiritual, en contraste con el conocimiento de los hechos normales. *Gnosis* encajaría bien con la forma en que los carismáticos suelen usar el término palabra de conocimiento. A veces el Espíritu les revela *palabras de conocimiento.*

¿Podría una expresión de conocimiento referirse al intelecto y a la riqueza de conocimientos de una persona? Posiblemente. Una persona muy erudita pero llena del Espíritu puede tener un mensaje de conocimiento basado en lo que ha acumulado a lo largo de los años. Esto también mostraría cómo la gracia común figura en los dones. Una persona con un vasto conocimiento de la Biblia también podría expresar conocimiento, ya sea de forma individual o desde un púlpito ante muchos.

Por otra parte, el don de fe puede resultar desconcertante. Si somos justificados —salvos— por la fe, ¿por qué Pablo incluiría la fe como un don del Espíritu?

Hay dos tipos de fe, en términos generales. Primero, está la fe salvadora. Ese tipo de fe justifica, redime. Esta fe le asegura un hogar en el cielo cuando usted muera. Eso surge al transferir la confianza que una vez tuvo en sus buenas obras a lo que Jesús hizo por usted con su muerte. Es cuando usted cree que es salvo solo por medio de Cristo.

En segundo lugar, hay una fe persistente. Esta fe lo lleva a su herencia. Todos los cristianos son llamados a entrar en su herencia. Algunos lo hacen; otros no. Aquellos que lo hagan no solo recibirán una herencia en esta vida, sino que también recibirán una recompensa en el tribunal de Cristo (1 Corintios 3:14; 2 Corintios 5:10). Aquellos que no persisten en la fe no solo arruinan la herencia que podrían haber tenido en la tierra, sino que también perderán la recompensa en el tribunal de Cristo (1 Corintios 3:15).

Los que se describen en Hebreos 11 son hombres y mujeres con fe persistente. Hebreos 11 no tiene que ver con fe salvadora; tiene que ver con personas que perseveraron y lograron grandes cosas para Dios: aquellos "de quienes el mundo no era digno" (v. 38).

¿Qué tipo de fe enumera Pablo junto con los dones del Espíritu? No es fe salvadora; él está escribiendo a los cristianos que ya son salvos. Ciertamente podría ser una fe persistente como la que describió a Abraham, Isaac, Jacob, José, Moisés y otros.

Creo que puede haber una tercera categoría para esta fe otorgada como don del Espíritu: una fe dada para una circunstancia especial o una situación particular. Es posible que usted reciba fe en que alguien por quien está orando será salvo. Podría recibir fe por una oración contestada:

> Si sabemos que él nos oye en todo lo que le pedimos, sabemos que tenemos las peticiones que le hemos pedido.
> —1 Juan 5:15

Ese es un gran "si": saber que el Altísimo nos ha escuchado. Pero Dios puede concederle esta fe para una ocasión especial. El don de la fe probablemente se entienda mejor como una fe especial para una ocasión particular.

REFLEXIÓN PERSONAL

Pase algún tiempo con Jesús y pídale que le revele algunas de las formas especiales en las que usted fue creado. ¿Qué dones, talentos y habilidades especiales estaban entretejidos en su personalidad cuando Dios le creó? ¿Cómo ve esa gracia común actuando en su vida?

_____

_____

¿Alguna vez ha experimentado un momento de sabiduría sobrenatural, una palabra de conocimiento o un aumento repentino en su fe ante una situación particular? ¿Cuál fue ese evento y cómo los impactó —a quienes lo rodean y a usted— la manifestación de ese don espiritual?

_____

_____

LOS DONES DE SANIDAD, MILAGROS, PROFECÍA Y DISCERNIMIENTO DE ESPÍRITUS

Al que puede hacer muchísimo más que todo lo
que podamos imaginarnos o pedir, por el poder
que obra eficazmente en nosotros, ¡a él sea la
gloria en la iglesia y en Cristo Jesús por todas las
generaciones, por los siglos de los siglos! Amén.
—Efesios 3:20-21

Sin duda, todos nosotros podríamos desear el don espiritual de la sanidad. Hace unos años, mi esposa, Louise, necesitó una segunda operación en la espalda por una hernia discal. El dolor que sintió fue el peor en nuestros sesenta años de matrimonio. Oré por ella docenas de veces. Pero nada.

Sin embargo, en otra ocasión, puse mis manos en las sienes de una mujer escocesa a quien nunca había conocido y oré por ella a petición suya. Meses después, escribió para decirme que había tenido dolores de cabeza inusuales durante cinco años, pero ese día que oré por ella fue el peor de su vida. "Cuando usted oró, no sentí nada", indicó. "Pero unas horas más tarde me di cuenta de que el dolor había desaparecido y nunca volvió". ¿Significa eso que tengo el don de sanar? No. ¡Ni siquiera tenía fe en la curación de esa dama! Yo tampoco sentí nada. Estaba en un apuro. Me detuve a orar por ella por cortesía, pero Dios anuló mi falta de fe y sanó a la mujer.

Quizás ya se haya dado cuenta de que hay un elemento de misterio en los dones del Espíritu. ¡No entiendo completamente ninguno de ellos! Solo podemos hacer lo mejor que podamos para comprender lo que el Espíritu Santo enseña. He aprendido esto: *no intente entender a Dios.*

¿Poseen, algunas personas, el don de sanación permanente? Es posible. Oral Roberts (1918-2009), a quien vi tres veces en su casa de California, fue quien más se acercó a cualquier persona que yo sepa que tuviera ese don. No hay duda de que hay miles de personas con poco o ningún perfil que tienen —al menos en ocasiones— el don de sanación. Es un misterio.

El don de hacer milagros es igualmente misterioso. ¿Se refiere esto a sanidad o a un milagro repentino de naturaleza bastante espectacular, como una persona liberada de una posesión demoníaca? Mi amigo Charles Carrin cuenta acerca de una ocasión en la que una tormenta peligrosa (potencialmente convertible en tornado) se dirigía hacia Florence, Alabama, mientras él predicaba en un servicio allí. Así que dirigió a la congregación en oración y tomando autoridad, ordenó a la tormenta que pasara otro lado de la ciudad. Después de que Charles y el pueblo oraron, la tormenta se dividió (la mitad se dirigió hacia el sur y la otra mitad hacia el norte) y evitó por completo afectar a Florence. La tormenta dividida luego volvió a unirse al otro lado de la ciudad. Esta actividad apareció en la pantalla del radar, por lo que la gente todavía habla de ello.

Ese evento seguramente califica como milagro. A veces las curaciones también son milagrosas. Las curaciones sobrenaturales son milagros, pero no todos los milagros son curaciones.

Pablo quería especialmente que los corintios tuvieran el don de profecía. "Esfuércense en seguir el amor y ambicionen los dones espirituales, sobre todo el de profecía" (1 Corintios 14:1). El don de profecía es la capacidad de revelar la voluntad de Dios para la iglesia en un momento dado. No es una invitación a ser otro Elías, Isaías o Jeremías. Los apóstoles fueron sucesores de esos hombres relevantes del Antiguo Testamento.

El don de profecía en el Nuevo Testamento era para la iglesia local. Cuando la gente se reunía para adorar, algunas ofrecían una palabra profética que edificaba al cuerpo de Cristo. Los corintios cometieron el error, frecuentemente repetido hoy en día, de pensar que hablar en lenguas lo era todo. Los corintios disfrutaban hablando en lenguas que nadie entendía. Pablo los reprendió profundamente, diciendo: "Prefiero emplear cinco palabras comprensibles y que me sirvan para instruir a los demás que diez mil palabras en lenguas" (1 Corintios 14:19).

Debemos probar cualquier palabra profética. "No desprecien las profecías, sométanlo todo a prueba, aférrense a lo bueno" (1 Tesalonicenses 5:20-21).

Cuando estábamos en la Capilla de Westminster, a menudo había momentos difíciles. Una de esas situaciones tenía que ver con nuestra familia; ciertas personas en la iglesia habían sido crueles con uno de nuestros hijos. Un domingo por la mañana, Louise fue a la capilla con el corazón muy apesadumbrado. Tan pronto como llegó, una mujer nigeriana llamada Grace, que había estado esperándola, se acercó a ella con una palabra profética. Le dijo una sola palabra, una palabra que Louise supo inmediatamente que era del Señor. Aquello le dio un tremendo consuelo.

Ese es un ejemplo de don de profecía en la iglesia. Después de la profecía, Pablo nombra el don de la capacidad de distinguir espíritus o discernimiento. Distinguir entre espíritus significa principalmente conocer la diferencia entre el Espíritu Santo y un espíritu demoníaco.

Es un recordatorio oportuno de que estamos en guerra con Satanás. Él odia a Jesucristo, que es su principal enemigo, y también a los que están *en Cristo*. Satanás tiene nuestros números y hará *cualquier cosa* para sacudirnos, desviarnos, engañarnos y oprimirnos. Por tanto, es importante conocer al enemigo. Sin embargo, debe conocer lo que es real antes de poder reconocer la falsificación. Este don es valioso. Necesitamos ser capaces de ver qué es real y genuino, y qué no lo es. La primera tarea, entonces, es reconocer al verdadero Espíritu Santo. Él es el verdadero Espíritu de Dios, la tercera Persona de la Trinidad. Creo que muchos cristianos sinceros se centran inmediata y apresuradamente en lo demoníaco al aplicar este don particular del Espíritu. No cometa ese error. Nuestra primera responsabilidad es poder conocer y discernir la verdadera presencia de Dios. Como dije, debemos conocer lo real antes que la falsificación. Es un gran error centrarse en la falsificación y convertirse en un experto en demonología. He conocido personas a las que les encantan los libros sobre ocultismo, brujería y demonios. Esas personas me parecen poco espirituales o piadosas.

Juan afirmó que debemos "probar los espíritus para ver si son de Dios" (1 Juan 4:1). Dio esa instrucción porque hay falsos profetas por todas partes. "Todo espíritu que confiesa que Jesucristo ha venido en carne, procede de Dios" (v. 2). Cuando me pidieron que diera mi opinión sobre la Bendición de Toronto, un avivamiento que surgió en el Aeropuerto Vineyard de

Toronto en 1994, comencé con 1 Juan 4:1-4. Como mostraré más adelante, me resultó obvio que lo que estaba en la iglesia de Toronto era el verdadero Espíritu Santo; la gente allí, desde John Arnott hasta los líderes, pasó esta prueba.

Quizás se esté preguntando: "Pero, R. T., ¿no podría haber mucho de carne en ese mover de Dios?". Sí. Incluso si uno discierne que el Espíritu Santo está verdaderamente obrando, se puede esperar que la carne esté presente. Siempre ocurre, como en el caso del Gran Despertar del siglo dieciocho. Incluso George Whitefield (1714-1770), uno de los principales líderes de ese mover del Espíritu, lamentablemente hizo cosas que eran de la carne.

Dicho esto, la primera tarea es saber discernir el Espíritu Santo de Dios. Si uno tiene la capacidad de reconocer al Espíritu Santo, resulta relativamente fácil discernir lo demoníaco. El contraste será obvio. Sin embargo, si comienza tratando de detectar lo demoníaco, es posible que no vea lo que está sucediendo. Debe comenzar con una comprensión sólida y sólida de la persona y presencia del Espíritu Santo. Entonces lo demoníaco, si está presente, se manifestará de manera destacada.

REFLEXIÓN PERSONAL

Recuerde cualquier historia de la Biblia que pueda que retrate el don de sanidad, milagros, profecía o discernimiento de espíritus. Tome nota de cualquier detalle que le llame la atención. ¿Qué precipitó el movimiento del Espíritu de esta manera? ¿Cuál fue el efecto en las personas que lo presenciaron?

¿Le resultan extraños o incómodos algunos dones espirituales? Pase algún tiempo con el Señor, pidiéndole su perspectiva sobre esos dones. ¿Por qué quiere que los busquemos? ¿Qué se interpone en el camino de nuestra búsqueda de sus dones?

_____

_____

EL DON DE LENGUAS Y SU

INTERPRETACIÓN

Estas señales acompañarán a los que crean:
en mi nombre expulsarán demonios,
hablarán en nuevas lenguas.
—Marcos 16:17

L *engua*, que significa "lenguaje", es una traducción del griego *glossa*. El movimiento carismático moderno comenzó en la década de 1960. Como mostraré más adelante, inicialmente se le conoció como el movimiento glosolalia, debido al énfasis en hablar en lenguas.

Hasta 1960 eran principalmente pentecostales, que tenían su origen en el Avivamiento de la Calle Azusa en Los Ángeles (1906), los que estaban asociados con el hablar en lenguas. Se encontraron principalmente en la Iglesia Pentecostal Elim (una denominación con sede en el Reino Unido), las Asambleas de Dios, la Iglesia de Santidad Pentecostal, la Iglesia de Dios y la Iglesia de Dios de la Profecía.

El movimiento carismático, como se le llama, comenzó décadas después, cuando un número creciente de iglesias en denominaciones importantes de repente encontraron y abrazaron lo que se consideraban experiencias pentecostales. El nuevo movimiento incluía a episcopales, bautistas, presbiterianos, reformados y otros, incluidos católicos romanos. La palabra *carismático* proviene del griego *carisma*, que significa "don de gracia". Como su nombre lo indica, todos los dones del Espíritu (no simplemente las lenguas) fueron reconocidos en el nuevo movimiento.

El don de "diversas clases de lenguas", entonces, significa diferentes idiomas (1 Corintios 12:10). La primera manifestación de este don se produjo el día de Pentecostés, cuando 120 discípulos fueron llenos del Espíritu y "comenzaron a hablar en otras lenguas, según el Espíritu les daba que hablaran" (Hechos 2:4). Fueron bautizados con el Espíritu Santo como Jesús lo anunció: "Dentro de pocos días ustedes serán bautizados con el Espíritu Santo" (1:5).

Por esta razón, la mayoría de los pentecostales y carismáticos sostienen que usted hablará en lenguas si es bautizado con el Espíritu y que si no habla en lenguas, no ha sido bautizado con el Espíritu. Pero no todos estamos de acuerdo con eso. Estoy convencido de que lo que me sucedió el 31 de octubre de 1955 fue el bautismo del Espíritu Santo. Sin embargo, unos cuatro meses después, hablé en lenguas. Hablo más sobre esto en mi libro *Fuego Santo*.

Dicho esto, los 120 discípulos hablaron en "otras lenguas", en idiomas que no eran los suyos. Además, gente de naciones extranjeras escuchó a los discípulos hablar en *sus* idiomas. "Cada uno los oía hablar en su propia lengua" (Hechos 2:6). Fue un doble milagro: ¡hablaban en otras lenguas y eran escuchados por extranjeros en sus propios idiomas!

Ha habido mucha discusión sobre si una persona que recibe un "lenguaje celestial" experimenta exactamente lo que les sucedió a los 120 el día de Pentecostés. Algunos dicen que sí;

otros dicen que no. Me inclino por lo último ya que el lenguaje celestial casi siempre consiste en hablar sonidos ininteligibles que nadie entiende. Aunque el fenómeno de las lenguas ciertamente comenzó en Pentecostés, no parecería que orar en el Espíritu —cuando uno "no habla a los hombres sino a Dios"— es lo mismo; "porque nadie le entiende, sino que él declara misterios en el Espíritu" (1 Corintios 14:2).

Por eso Pablo habla de "diversas clases de lenguas". Veo al menos tres posibilidades: (1) uno habla en algún idioma conocido, al menos conocido por algunas personas en algún lugar del planeta; (2) es un lenguaje único: nadie entiende a la persona, que es a lo que se refiere 1 Corintios 14:2; o (3) es un lenguaje angelical, literalmente la lengua de los ángeles no traducida. Esta podría ser la razón por la que Pablo se refiere a "lenguas de hombres y de ángeles" (1 Corintios 13:1).

Por último, el don de interpretación de lenguas implica que siempre debe haber interpretación de cualquier lengua que se pronuncie por el poder del Espíritu Santo. En otras palabras, hablar u orar en lenguas no es ilógico. El Espíritu permite a algunas personas hablar en varias lenguas; otros son capaces de interpretar lo que dijeron. Pablo amonestó a los corintios que no hablaran en lenguas en una reunión donde los visitantes no tendrían idea de lo que se decía. Si uno habla en lenguas públicamente, es correcto, es decir, siempre que alguien tenga la interpretación.

El problema que a menudo se encuentra es cuando las personas dan su *propia* interpretación del mensaje en lenguas que ellos mismos acaban de pronunciar. Esto puede parecer benigno, pero es sospechoso. No era lo que Pablo tenía en mente. Quería que alguien que tuviera el don de la interpretación interviniera e interpretara. Cuando la misma persona da la interpretación, esta carece de credibilidad y autenticidad.

El pastor Jack Hayford cuenta la historia de una vez que estaba en un avión cuando se sintió impulsado a hablarle en lengua a la persona sentada a su lado. Temía hacerlo y trató de evitarlo, pero era tan fuerte que cedió y pronunció una extraña serie de sílabas que él mismo no entendió. Sin embargo, el hombre que estaba a su lado era un nativo americano y se volvió hacia Jack para decirle: "¡Acaba de decir palabras que solo mi tribu habla!". Ese fue un testimonio maravilloso. Hay muchas historias como esta en las que una persona hablaba en un idioma que no entendía, ¡pero otros se asombraban al reconocer su propia lengua!

Una vez, cuando vivíamos en Key Largo, Florida, me senté en el porche con vista a Largo Sound y me sucedió lo siguiente. Estaba orando y pronuncié una lengua cuando, inmediatamente, escuché estas palabras: "Serénate y no te tomes tan en serio". Estoy seguro de que fue una interpretación instantánea y una reprimenda amorosa que necesitaba.

Creo que el don de interpretación de lenguas es raro. De hecho, quizás todos los dones genuinos del Espíritu sean raros en estos tiempos. No soy cesacionista. Sin embargo, creo que damos credibilidad a nuestros críticos cuando toleramos la falsificación sin examinarlo todo. Me temo que algunos de nosotros estamos tan ansiosos de ver a Dios obrar que intentamos hacer que las cosas sucedan, ya sea tratando de demostrar que alguien está sano cuando no lo está o pronunciando profecías que nunca se hacen realidad.

La libertad más grande es no tener que demostrar nada.

REFLEXIÓN PERSONAL

¿Ha sido bautizado en el Espíritu? ¿Recibió el don de lenguas? Si es así, ¿cómo le edifica el operar con ese don?

_____

_____

_____

Si no habla en lenguas, ¿es ese uno de los dones que le gustaría buscar con entusiasmo? ¿Qué interpretaciones de lenguas ha oído? ¿Cómo le impactó escuchar la interpretación?

_____

_____

_____

EL ESPÍRITU DE VERDAD

Dios es espíritu y quienes lo adoran deben
hacerlo en espíritu y en verdad.
—Juan 4:24

Aiden Wilson Tozer (1897-1963) se le atribuyen estas palabras: "Nunca es posible tener el Espíritu sin al menos alguna medida de verdad". Esto se debe a que el Espíritu Santo es el "Espíritu *de verdad*, que procede del Padre" (Juan 15:26, énfasis agregado). En cierto sentido, la esencia de Dios es la *verdad.*

Para mí, la *verdad acerca* de Dios y la verdad *de* Dios son las cosas más deslumbrantes, impresionantes y emocionantes en cuanto a Dios. ¡Es por eso que él ha "magnificado" su Palabra sobre todo su nombre (Salmos 138:2)! Su Palabra es verdad. Jesús oró: "Santifícalos en la verdad; tu palabra es verdad" (Juan 17:17).

El Avivamiento de Gales fue uno de los grandes movimientos del Espíritu Santo en la historia de la iglesia moderna. Se calcula que el número de personas convertidas asciende a cien mil. Los bares y las cárceles se vaciaron. Bethan Phillips tenía seis años y vivía en Londres cuando su padre los sacó a ella y a su hermano mayor de la escuela y los metió en un tren hasta la casa de sus abuelos en Gales. Los miembros de la familia lo criticaron por sacar a los dos niños de la escuela. Su respuesta: "Pueden ir a la escuela en cualquier momento, pero tal vez nunca más vean un avivamiento".

Bethan creció y se casó con el Dr. Martyn Lloyd-Jones. Años más tarde, cuando tenía ochenta años, me habló de esa época y recordó cuando ella personalmente fue testigo del Avivamiento de Gales. El Dr. Lloyd-Jones también me contó esta historia:

Un minero que laboraba en una mina de carbón llegó a casa del trabajo y su esposa no le había preparado la cena. Ella había ido a la iglesia para participar en el avivamiento. Estaba tan furioso y molesto que decidió ir a la iglesia y detener el avivamiento. Cuando llegó, no pudo entrar al edificio porque la gente se agolpaba en la puerta. Negándose a ser excluido, se abrió paso a codazos entre la gente hasta entrar en la iglesia. ¡Lo siguiente que recuerda es que estaba de rodillas frente al púlpito, clamando a Dios por misericordia! Quienes presenciaron el acontecimiento dijeron que logró entrar a la iglesia y literalmente pisó la parte superior de los bancos de atrás, luego se dirigió al frente pisando la parte superior de cada banco. Luego se postró ante el púlpito y comenzó a orar.

Serios críticos del Avivamiento Galés dijeron que ese fenómeno no podía ser de Dios debido a la ausencia de predicación. Respondo: ¿Qué cantaban exactamente durante esa época trascendental? Si fuera un espíritu falso pero no el Espíritu Santo, uno esperaría que los himnos fueran extraños, heréticos y antibíblicos. ¡Ese no era el caso! ¡Cantaron los himnos bíblicos de la iglesia!

Piense en esto. ¿Y si Dios fuera un mentiroso? ¿Qué pasaría si mintiera? ¿Qué pasaría si no se pudiera creer en él? ¿Qué pasaría si no fuera fiel? Él no dijo: "Me convertiré en un Dios de verdad". No dijo: "Seré sincero". Tampoco dijo: "Siempre diré la verdad". No. Él es la verdad. Es imposible que él no sea sincero. El Dios eterno es un Dios de verdad. Él es un Dios franco e íntegro. ¡Él es un Dios que es fiel y guarda su Palabra! Usted puede confiar plenamente en él.

Esto me hace llorar. ¡Qué Dios tan maravilloso tenemos! ¿Qué tan bendecidos podemos ser? No hay nada mejor que esto.

Por lo tanto, si alguien comienza en el Espíritu, es porque la *verdad* estaba presente. Sin embargo, los gálatas lamentablemente se desviaron de la verdad. No totalmente. Incluso en su condición debilitada, tenían algo de verdad. ¿La cuestión? El evangelio. A menudo lo es. Pablo estaba alarmado por lo que les estaba sucediendo a sus conversos en Galacia. Por eso respondió con la mayor urgencia: "Me asombra que tan pronto estén dejando ustedes a quien los llamó por la gracia de Cristo, para pasarse a otro evangelio. No es que haya otro evangelio, sino que ciertos individuos están sembrando confusión entre ustedes y quieren tergiversar el evangelio de Cristo" (Gálatas 1:6-7).

Vale la pena señalar que Pablo no cuestiona la conversión de ellos. Quizás haya algunos hoy que dirían que si las conversiones de los gálatas hubieran sido genuinas, no habrían sido influenciados tan rápidamente por las enseñanzas falsas. Todo lo contrario; Pablo hace todo lo que puede para que no se desmoralicen y se desilusionen. La razón de las cartas de Pablo, que forman casi un tercio del Nuevo Testamento, es que todos los convertidos necesitan enseñanza y, a menudo, advertencia.

Como muchas iglesias hoy en todo el mundo, los gálatas tenían el Espíritu pero solo una medida de verdad, para referirse al comentario de Tozer. No hay razón para creer que abandonaron los elementos esenciales de la fe, como la deidad y la humanidad de Jesús, su resurrección y su ascensión corporal. Mientras uno crea en Jesús como el Dios-hombre y en su resurrección de entre los muertos, es salvo (Romanos 10:9-10). Incluso si usted dice "salvos pero por poco", estaría de acuerdo, pero los gálatas fueron salvos, y esa es la verdad esencial que no debemos olvidar.

Esto explica cómo una iglesia —o un ministro— puede tener el Espíritu Santo pero carecer de una teología sólida. De hecho, con el Espíritu Santo, las personas pueden hacer cosas extraordinarias; por ejemplo, predicar sermones impresionantes, escribir buena música y poesía, o ser instrumentos de sanación, adoración, liberaciones verdaderas y profecías notables. Es más, como hemos visto, los dones del Espíritu son irrevocables (Romanos 11:29), lo que significa que (1) usted no los pierde y (2) su santidad personal no garantiza que serán concedidos. La unción viene por la voluntad soberana de Dios.

Nunca olvide que el rey Saúl profetizó cuando iba camino a matar a David (1 Samuel 19:24). Cuando Dios dice: "Yo... tendré misericordia de quien yo tendré misericordia" (Éxodo 33:19; ver también Romanos 9:15), significa que él retiene el juicio sobre aquellos de nosotros que lo merecemos. La diferencia entre gracia y misericordia es esta: gracia es recibir un favor que no merecemos; misericordia es hacer que Dios retenga la justicia que merecemos.

Esto también significa que Dios tiene misericordia de aquellos que no siempre son teológicamente correctos. Esta lección nos enseña a los que asumimos erróneamente que nuestra sana teología nos hace ganar puntos con Dios. Dios podría optar por obviar a aquellos de nosotros que nos consideramos sanos en doctrina, y podría bendecir a los que, en este momento, ¡quizás no tengan una gran medida de la verdad!

REFLEXIÓN PERSONAL

¿Ha encontrado al Espíritu Santo sin que nadie le predique? ¿Cómo experimentó la verdad de Dios a través de ese encuentro?

_____

_____

_____

¿Qué significa para usted saber que Dios es verdad y que es absolutamente digno de confianza? Piense en un área de su vida en la que podría utilizar el recordatorio de su fidelidad. Dedique algún tiempo a agradecer a Dios por lo que él es mientras su Espíritu le guía a toda verdad.

_____

_____

_____

DÍA 18

UNA RED MÁS AMPLIA

Pero cuando venga el Espíritu de la verdad,
él los guiará a toda la verdad, porque no hablará
por su propia cuenta, sino que dirá solo lo que
oiga y les anunciará las cosas por venir.
—Juan 16:13

Un día de 1994, recibí una llamada telefónica de Ken Costa, guardián parroquial de Holy Trinity Brompton (HTB), una prominente iglesia anglicana en Londres (ahora la más grande de Inglaterra) también conocida por ser receptiva al Espíritu Santo. Ken me dijo: "Están sucediendo algunas cosas inusuales en nuestra congregación y me pregunto si usted tiene algún sermón sobre 1 Juan 4:1-4". "Sí", respondí. Inmediatamente le envié cuatro sermones sobre esos versículos que tratan acerca del tema de probar los espíritus para ver si son de Dios. Después de que Ken leyó esos sermones, me invitó a almorzar para hablar sobre lo que estaba pasando en HTB. Accedí y fui a almorzar con él para advertirle. Varios días antes, había oído hablar de personas por las que se oraba y que se caían al suelo riéndose. La gente decía que eso venía de Toronto. Inicialmente dudé que tal cosa fuera de Dios. Ciertamente no quería pensar que lo fuera. ¡Ese tipo de cosas me resultaban inquietantes!

Además, si soy totalmente sincero, me sentí como un poco traicionado por Dios. Después de todo, si lo que estaba sucediendo en HTB realmente provenía del Espíritu Santo, si era genuinamente de Dios, ¡debió haber llegado primero a la Capilla de Westminster! ¡Me costaba creer que bendijera a HTB primero y no a la Capilla de Westminster!

Consideraba apóstata a la Iglesia de Inglaterra. "Seguramente Dios no bendeciría una iglesia con todos esos habitantes de Eton en su personal", pensé, "¡con sus elegantes modales de la adinerada gente de Sloane Square!". Nosotros en la Capilla de Westminster éramos cristianos comunes y corrientes, como se describe en 1 Corintios 1:26-31. Los celos son un pecado difícil de ver en nosotros mismos.

Había más. Yo era un fiel defensor del evangelio histórico y me había expuesto a críticas después de permitir que Arthur Blessitt causara un gran impacto en nuestra perspectiva. Además, nuestra iglesia tenía días de oración y ayuno. Estaba en las calles testificando a los perdidos. Me avergüenza decir que supuse que Dios seguramente nos favorecería antes que a las iglesias anglicanas, incluida HTB.

Ken no había asistido a aquella cita para persuadirme de lo que estaba pasando en su congregación. Lo que quería, sinceramente, era mi opinión. Pero a mitad de ese almuerzo, me preocupé mucho porque pensé que, tal vez, me estaba oponiendo a una obra de Dios solo porque no nos llegó a nosotros primero. Recordé cuántos cristianos se opusieron al Avivamiento Galés. Sabía que había una tradición muy larga que se resistía a lo que Dios estaba haciendo en ciertas generaciones. Realmente comencé a temer estar en el lado equivocado.

También había un brillo en el rostro de Ken que comenzó a hacerme reflexionar. No solo eso, sino que HTB claramente pasó la prueba de 1 Juan 4:1-4. Puede que ellos hayan sido o no tan reformados como yo, ¡pero tampoco lo fue Juan Wesley!

Cuando terminamos de almorzar, ya estaba sobrio de pies a cabeza. Llamé a Louise para decirle que creía que me había equivocado con respecto a la Bendición de Toronto. Reuní a mis diáconos para decirles lo mismo. Hay que reconocer que me apoyaron. Semanas antes había advertido a mi congregación en Westminster sobre lo que estaba pasando en HTB pero, después de ese almuerzo con Ken, me retracté públicamente. Estoy muy contento de haber hecho eso.

Más tarde, ese mismo año, mi esposa —Louise— fue sanada milagrosamente en segundos, a través de un hombre conocido por ser el "padre" de la Bendición de Toronto. Louise entró en la sacristía de la capilla ese sábado por la mañana, después de haber dormido poco la noche anterior. Ella admite que no tenía fe pero estaba dispuesta a dejar que "ese hombre" (que no sabía quién era) orara por ella. Así que fue sanada instantáneamente. ¡Yo podía destrozar la teología de ese hombre! Sin embargo, se convirtió en un querido amigo nuestro y puede dar fe de cómo le he suplicado que arregle ciertas cuestiones. Todavía oro para que cambie de opinión. Podría referirme a muchos otros que ven milagros pero que no son lo que yo considero sensatos. Hay algunos cuya teología (seguramente) debe hacer sonrojar a los ángeles pero a quienes Dios usa de manera asombrosa.

Cuando Dios dijo: "Tendré misericordia del que yo tenga misericordia" (Romanos 9:15 RVR1960), quiso decir precisamente eso. Él es soberano y muestra misericordia a quien quiere, ya sea a una iglesia o a un individuo. ¿Por qué? Porque así es él.

El Dios de la Biblia es un Dios de verdad. La verdad es que, a veces, él bendice a aquellos a quienes usted y yo nunca elegiríamos. Él pasa por alto a esos que usted y yo supondríamos que están exactamente donde Dios manifestaría su gloria a continuación.

Dios tiene una red más amplia que la de algunos de nosotros para atraer a aquellos a quienes decide bendecir. La presencia del Espíritu Santo, el Espíritu de verdad, puede manifestarse de maneras asombrosas, como lo hace en aquellos que usted y yo podríamos pensar que tienen solo una pequeña medida de verdad. Pablo no se rindió con los gálatas. Por tanto, no debemos darnos por vencidos unos a otros que buscamos sincera y fervientemente la honra y la gloria de Dios.

REFLEXIÓN PERSONAL

¿Ha visto a otra persona recibir la bendición por la que usted estaba orando y esperando? ¿Como fue la experiencia para usted? Si le ofendió, ¿cómo se recuperó de ello?

Si ha experimentado un movimiento del Espíritu Santo de Dios, ¿qué fue lo más desafiante para usted en esa atmósfera? ¿Hay algún predicador o líder espiritual que actualmente le ofenda? Tómese un tiempo para escuchar el corazón de Dios en cuanto a ese líder y devuelva el tribunal a Dios.

SU PALABRA SOBRE SU NOMBRE

Porque has exaltado tu nombre.
—Salmos 138:2

Cuando piense en cómo quiere Dios que su nombre sea honrado, medite en esto: él magnifica su Palabra por encima de su nombre. Consciente de que las traducciones modernas, extrañamente, pasan por alto este versículo (interpretando en lugar de traducir), comencé a cuestionarme al respecto. Así que le pedí al finado Dr. Michael Eaton (1942-2017), uno de los hombres más eruditos que he conocido, experto en hebreo, que me dijera la verdad sobre el Salmo 138:2. Me aseguró que el hebreo debe traducirse literalmente: "Has magnificado tu palabra sobre todo tu nombre".

Para estar doblemente seguro, me puse en contacto con mi amigo el rabino Sir David Rosen, un erudito judío ortodoxo de Jerusalén. Esto es lo que me escribió: "La traducción debería ser: 'Has exaltado Tu palabra (o Tu habla) por encima de Tu Nombre', es decir, la Palabra divina es más importante para Dios que su propio nombre". David añadió que esa palabra se refería a la Torá: los mandamientos de Dios. Asombroso.

Uso el vocablo Palabra para referirme a las Sagradas Escrituras: la Biblia. No creo que este punto fundamental, si no elemental, pueda mencionarse con demasiada frecuencia. En otros términos, cuando me refiero a Palabra y al Espíritu, hablo de la Biblia y del Espíritu Santo.

Cabe señalar, sin embargo, que —en griego— hay dos vocablos que se traducen como "palabra" en castellano: *logos* y *rhema*. Dado que estos vocablos son intercambiables, no se debe llevar demasiado lejos la distinción deseada. Dicho esto, en términos generales, y para los fines de este libro, decido que *logos* se refiera a la Palabra de Dios impresa. Digo esto porque *logos* también se refiere a la Palabra de Dios en persona: "En el principio era la Palabra … y el Verbo se hizo carne" (Juan 1:1, 14).

Además, las últimas palabras de Pablo a Timoteo incluyeron este mandato: "Predica la palabra [*logos*]" (2 Timoteo 4:2). ¿Podría Pablo haber usado *rhema* en lugar de *logos* en 2 Timoteo 4:2? Sí, podría haber usado cualquiera de los dos términos. Una y otra vez significan lo mismo.

La palabra griega *logos* y los vocablos que derivan de ella se utilizan más de trescientas veces en el Nuevo Testamento. *Rhema* se emplea unas setenta veces. Algunos han querido mostrar que *logos* es una palabra más fuerte, que solo *logos* se refiere a las Escrituras. Sin embargo, esa opinión no es válida. Por ejemplo, cuando Jesús citó Deuteronomio 8:3, que dice: "No solo de pan vivirá el hombre, sino de toda palabra que sale de la boca de Dios", el evangelista Mateo registra el vocablo *rhema* (4:4, énfasis agregado). Esto por sí solo muestra que *rhema* puede usarse para referirse tanto a Escrituras como a *logos*.

Debido a que *rhema* y *logos* pueden emplearse indistintamente, hay quienes concluyen —a la ligera— que una palabra profética, a la que quieren llamar "palabra *rhema*", es igual a las Escrituras. ¿Es eso apropiado, en verdad? Yo respondo: No. Nunca. Nunca. Nunca. Hacer eso es peligroso y alentará a la gente a trivializar la Sagrada Escritura. Y eso es lo que quiere Satanás.

Cualquiera sea la estatura o reputación de la persona que la exprese, nunca acepte una palabra profética que se le haya dado como igual a las Sagradas Escrituras, aun cuando la palabra profética resulte ser cierta. El hecho de que una palabra profética sea veraz todavía no le otorga estatus canónico. Hay niveles de autoridad; solo la Sagrada Escritura debe ser vista como la infalible Palabra de Dios.

Yo mismo espero y oro por una "palabra rhema" prácticamente cada vez que leo la Biblia, ya sea en mi lectura diaria o cuando predico. Sí, cuando predico, espero que Dios me hable de nuevo y me muestre cosas en las que no había pensado antes. Yo definiría la "palabra rhema" que busco como cuando la Palabra de Dios se vuelve muy, muy directa y muy real, cuando es incuestionablemente genuina y verdadera. Eso puede suceder cuando estoy muy desanimado. Puede ocurrir cuando necesito una orientación clara. Puede pasar cuando estoy siguiendo rutinariamente mi plan de lectura de la Biblia. Sin embargo, podría suceder cuando menos lo espere.

En junio de 1970, en un servicio de la Convención Bautista del Sur, estaba en lo alto de un balcón escuchando el sermón pero rogando al Señor que me mostrara cuál era el siguiente paso que debía dar. La cuestión: ¿Debo terminar mis estudios o quedarme donde estaba en ese momento: como pastor de la congregación Lauderdale Manors Baptist Church, en Fort Lauderdale, Florida? Allí éramos felices. No pasaba nada; todo estaba bien, excepto mi creciente frustración de que al fin me arrepentiría si no continuaba con mis estudios en un seminario.

Sabía que incluso si renunciaba a mi iglesia, me tomaría al menos cinco años completar lo que siempre quise hacer:

obtener un título de una universidad británica. "Pero", me dije, "para entonces ya tendré cuarenta años. Es más, conozco el evangelio. Conozco mi Biblia. ¿Qué puedo aprender en un seminario?".

Aunque traté de convencerme de no ir, sentí una persuasión subyacente de que debía hacerlo en ese momento o arrepentirme por el resto de mi vida. "¿Cómo me sentiré cuando tenga cuarenta años? ¿Me alegraré entonces de haberlo hecho? Sí. Sin embargo, ¿es el Señor el que me habla o soy yo quien me hablo a mí mismo?".

Agarré el pequeño Nuevo Testamento que siempre llevaba conmigo. Tenía un sentimiento profundamente arraigado de que Dios estaba a punto de hablar. Mi corazón latía con fuerza mientras sostenía mi Nuevo Testamento en la mano. Luego oré: "Señor, si vas a hablarme, por favor deja que la palabra sea objetiva, una palabra que se sostenga por sí misma, no simplemente una de esas como la siguiente: 'Así dice el Señor, yo estoy contigo'".

Abrí mi Nuevo Testamento y mis ojos se posaron en estas palabras: "Moisés fue instruido en toda la sabiduría de los egipcios, y era poderoso en palabra y en obra. Cuando cumplió cuarenta años, Moisés tuvo el deseo de visitar a sus hermanos israelitas" (Hechos 7:22-23). Eso fue suficiente para mí. Me volteé hacia Louise y le dije: "Renunciaremos a Lauderdale Manors este domingo. Nos mudamos para terminar mis estudios".

Nunca miré atrás. Esa es una de las palabras más claras del Señor que jamás haya recibido. Respondió dos cosas que me cautivaron: (1) ¿Por qué ir al seminario cuando conozco la Biblia? Respuesta: Moisés era instruido en la sabiduría de los egipcios; era parte de su preparación. (2) La edad de cuarenta años fue un factor enorme; Moisés tenía cuarenta años cuando

Dios realmente comenzó a prepararlo, es decir, a lanzarlo al llamado o propósito principal de su vida.

En otras palabras, creo que Dios puede hablar así. Puede usar la Biblia; puede utilizar a una persona con una palabra profética.

REFLEXIÓN PERSONAL

Piense en algún momento en el que sintió que un pasaje de las Escrituras se hizo muy directo y real para usted de una manera novedosa. ¿Cuál fue ese pasaje? ¿Cómo le enseñó, dirigió o animó esa "palabra rhema"?

_____

_____

_____

¿Alguna vez ha sentido un impulso del Espíritu Santo para hacer algo que no podía ignorar? ¿Cómo confirmó el Señor la palabra que tenía para usted? ¿Cómo impactó su vida seguir la instrucción divina?

_____

_____

_____

OBTENGA DE DIOS TANTO
COMO PUEDA

Oh Dios, tú eres mi Dios; yo te busco intensamente.
Mi alma tiene sed de ti; todo mi ser te anhela,
cual tierra seca, sedienta y sin agua.
—Salmos 63:1

Los cesacionistas (aquellos que creen que los dones del Espíritu dejaron de manifestarse hace mucho tiempo) se aferran solo a una doctrina soteriológica del Espíritu. Esta doctrina afirma que el Espíritu Santo obra solo para *aplicar la predicación* del evangelio. La palabra *soteriología* se refiere a la salvación. Los cesacionistas no creen que el Espíritu Santo pueda obrar inmediata y directamente en el corazón humano como lo hizo en el Libro de los Hechos. Creen que el Espíritu Santo interviene en la predicación del evangelio y aplica la Palabra en los corazones humanos para que las personas se convenzan de pecado, de justicia y del juicio venidero. Estos individuos, por supuesto, tienen razón al creer que el Espíritu Santo obra de esa manera. Pero se equivocan al pensar que el Espíritu Santo *solo* opera de esta forma.

Es importante para la doctrina de la seguridad saber que uno es salvo. Hay dos niveles de seguridad: el razonamiento silogístico y el testimonio "inmediato y directo" del Espíritu Santo. Al primero se le llama también testimonio indirecto o mediato del Espíritu Santo. Por ejemplo:

Todos los que creen en Jesús son salvos.

Yo creo en Jesús.

Por tanto, soy salvo.

¿Qué hay de malo en ese tipo de razonamiento? Nada. Es absolutamente correcto. Es el Espíritu Santo quien aplica el evangelio y lleva a las personas a confiar únicamente en Jesucristo para su salvación. No es que necesariamente sientan algo; es un proceso intelectual. Eso es algo cerebral. Es razonamiento. Los puritanos ingleses, especialmente William Perkins (1558-1602), lo conocían como un "silogismo práctico". Muchas, si no la mayoría, de las personas llegan a la seguridad inicial de la salvación de esta manera.

Tienen toda la razón al decir: "Sé que soy salvo porque Jesús murió por mí en la cruz". Sin embargo, existe un mayor nivel de seguridad.

Y es el testimonio "directo, inmediato" del Espíritu Santo. Aprendí esta frase con el Dr. Lloyd-Jones. El silogismo práctico no es inmediato ni directo; nos llega *mediante el razonamiento*. Es un razonamiento firme. Es seguro y garantizado. Pero existe un testimonio inmediato y directo del Espíritu. Es como si obviara la mente. Es cuando el Espíritu Santo da testimonio al corazón. Es el sentimiento más asombroso.

Es más, este tipo de seguridad es tan poderosa que uno, en realidad, no necesita razonamiento para estar seguro de que es salvo. El Espíritu Santo mismo le dice que usted es hijo de Dios. El Dr. Lloyd-Jones siempre llamó a eso "la forma más alta de seguridad".

Este tipo de experiencia era típica de los primeros metodistas. Ellos creían que cuando una persona se hacía cristiana,

¡*sentía* algo! *Sabían* que habían nacido de nuevo por el testimonio directo del Espíritu Santo. Era una experiencia consciente. Hay dos puntos de vista al respecto. Algunos creen que ese testimonio inmediato y directo del Espíritu se produce en el instante de la conversión.

Creo que este testimonio inmediato y directo del Espíritu llega más a menudo a quienes *ya se han convertido*. Ocurre cuando la gente quiere *más* que el Espíritu Santo aplicando el evangelio a través de un silogismo práctico.

Mi amigo Charles Carrin, que se convirtió en pastor bautista primitivo, cuenta cómo quería más de lo que experimentó en la conversión, por muy real que fuera. Por eso le preguntó a su hermano: "¿No hay más?".

Su hermano respondió: "No, Charles, lo tienes todo en la conversión".

Años más tarde, después de haber estado en el ministerio por un buen número de años, fue invitado a ser capellán de una penitenciaría federal en Atlanta y asignado a un recluso que se había convertido milagrosamente mientras estaba en prisión. Ese prisionero también había recibido el testimonio inmediato del Espíritu junto con ciertos dones del Espíritu. Se suponía que Charles debía brindar ayuda espiritual pero, en cambio, ¡comenzó a darse cuenta de que *necesitaba* ayuda espiritual! Después de un tiempo, experimentó el testimonio inmediato y directo del Espíritu Santo. Posteriormente, ¡su iglesia bautista lo echó!

¿Por qué una persona debería menospreciar la idea de querer más? ¿Por qué algunos se sienten amenazados por desear más? Sospecho que cuando se les dice que "lo entendieron todo al convertirse", algunos se sienten aliviados de la necesidad de seguir adelante para obtener más de Dios. Sienten que pueden sentarse, permanecer en su comodidad y dejar de preocuparse por la idea de que haya algo más después de la conversión.

Esto no es así. Usted y yo seguramente deberíamos querer tanto de Dios como podamos.

REFLEXIÓN PERSONAL

¿Recuerda la primera vez que tuvo una relación con Jesús? ¿Cómo supo que era salvo? ¿Sintió algo? ¿Qué resuena más con su experiencia: el razonamiento silogístico o el testimonio inmediato y directo del Espíritu Santo?

_____

_____

_____

¿Cómo ha experimentado el movimiento del Espíritu Santo en su propia vida? ¿Cree que hay más de Dios a la disposición de usted?

_____

_____

_____

EL EVANGELIO DE PODER

Y ahora que hemos sido justificados por su
sangre, ¡con cuánta más razón, por medio de
él, seremos salvados del castigo de Dios!
—Romanos 5:9

¿Por qué ser cristiano? Esta pregunta es de suma importancia. ¿Tiene una respuesta? Algunos dirían: "Deberías ser cristiano porque serás una persona más feliz". ¿En realidad, es verdad eso? La primera persona a la que bauticé en Londres fue un hombre de negocios judío procedente de Los Ángeles y que se convirtió un domingo por la tarde en la Capilla de Westminster. Luego nos hicimos amigos e incluso pasamos juntos parte de las vacaciones. Se convirtió maravillosamente, pero un día me dijo: "Antes de convertirme en cristiano, era un hombre feliz". No se estaba quejando; estaba admitiendo que ser cristiano era costoso y, a veces, doloroso. Ninguno de sus familiares ni amigos se hizo cristiano.

Algunos podrían responder a esta pregunta: "Deberías convertirte en cristiano porque podría ayudar a tu matrimonio". ¿Será cierto eso? Las tasas de divorcio podrían demostrar lo contrario. He descubierto que los matrimonios mejoran cuando las parejas ponen a Jesucristo en primer lugar en sus vidas; no solo son fieles el uno al otro sino que también dejan de señalarse con el dedo y se perdonan mutuamente por sus faltas.

La razón por la que una persona debería ser cristiana, dice Pablo, es debido a la ira de Dios (Romanos 1:18; 5:9; 1 Tesalonicenses 1:10). La mayoría de los cristianos pueden citar Juan 3:16: "Porque tanto amó Dios al mundo que dio a su único Hijo, para que todo aquel que cree en él no perezca [es decir, *no irá al infierno*] sino que tenga vida eterna" (énfasis añadido). Una vez que la persona es cristiana, llega a ser parte del cuerpo de Cristo: la iglesia. Dios quiere que la iglesia sea la sal de la tierra. Nos convertimos en sal y luz cuando defendemos las Escrituras y manifestamos el poder de Dios con igual ahínco. Lo último que queremos es que ambas cosas se separen, lo cual ha ocurrido.

Creo que Dios odia ese divorcio entre su Espíritu y su Palabra tanto como detesta el que existe entre marido y mujer (Malaquías 2:16), más aún, si eso es posible.

Fue un divorcio silencioso. Es imposible saber con precisión cuándo ocurrió. Es posible que haya sucedido muchas veces en el curso de la historia de la iglesia. En algún momento antes del año 65 d. C., Pablo escribió sobre una futura "rebelión" (2 Tesalonicenses 2:3). La versión Reina Valera 1960 llama a eso "apostasía". Entre los años 90 y 100 d. C., Jesús —hablando desde la diestra de Dios en el cielo—, dijo que la iglesia de Éfeso había "abandonado el amor que tenían al principio" (Apocalipsis 2:4). ¿Cuál fue el primer amor de ellos? El evangelio. Lea el Libro de Efesios junto con Hechos 19 y 20. El evangelio fue primordial en Éfeso. También lo fue la evidencia del poder.

Es más, cuando se leen los primeros escritos de los padres apostólicos (personas como Ignacio y Policarpo de los siglos segundo y tercero), como muestro en mi libro *¿Qué pasó con el evangelio?*, el evangelio parece haber sido reemplazado por el moralismo y el énfasis en las buenas obras. Sin embargo, el evangelio es "poder de Dios para salvación" (Romanos 1:16). Pero Pablo dijo que en los últimos días habría gente "que tendría apariencia de piedad, pero negaría su eficacia" (2 Timoteo 3:5). Esa es la Palabra sin el Espíritu.

Es un evangelio a veces sostenido por una enseñanza intelectual que rechaza deliberadamente los dones del Espíritu. A menudo es una doctrina buena y sana, pero carece de poder. Pablo llama a eso apagar el Espíritu o apagar el fuego del Espíritu (1 Tesalonicenses 5:19). Un ejemplo de eso es la enseñanza cesacionista, como muestro en mi obra *Fuego santo*. Tal enseñanza, que no tiene ningún asidero en las Escrituras, apaga al Espíritu antes de que se le permita manifestar su poder.

En la Conferencia Palabra y Espíritu realizada en octubre de 1992, expresé por primera vez mi opinión de que ha habido un divorcio silencioso en la iglesia, en términos generales, entre la Palabra y el Espíritu. Cuando el divorcio aparece, unas veces los hijos se quedan con la madre; otras, con el padre. En el divorcio entre la Palabra y el Espíritu, están los del lado de la Palabra y los del lado del Espíritu.

REFLEXIÓN PERSONAL

¿De qué manera ha experimentado el costo de convertirse en cristiano? ¿De qué modo ha vivido las bendiciones de su relación con Dios?

¿Cómo ha experimentado la evidencia del poder de Dios en su propia vida? ¿Ha visto el modo en que el evangelio completo se diluye en moralismo o énfasis en las buenas obras? ¿Cómo le ha impactado el divorcio silencioso entre la Palabra y el Espíritu?

_____

_____

DESPIERTA IGLESIA

Jesús contestó: "Ustedes andan equivocados porque
desconocen las Escrituras y el poder de Dios".
—Mateo 22:29

Consideremos, por ejemplo, a los que están a favor de
la Palabra. Su mensaje es que debemos volver a la
Biblia, contender fervientemente por la fe que una vez
fue entregada a los santos (Judas 3), regresar a la doctrina de
la Reforma (la justificación por la fe como la enseñó Martín
Lutero), redescubrir la seguridad de la salvación como la instruyó Juan Calvino y retornar a la enseñanza de la soberanía
de Dios, como la predicó Jonathan Edwards.

¿Qué hay de malo en este énfasis? Nada, en mi opinión; es
exactamente correcto.

Consideremos a aquellos que están del lado del Espíritu.
Su mensaje es que debemos regresar al Libro de los Hechos,
en el que hubo señales, prodigios y milagros, es decir, dones
del Espíritu en operación. Veamos. Cuando celebraban una
reunión de oración, el lugar "tembló" (Hechos 4:31). Se pusie-
ron bajo la "sombra" de Pedro y sanaron (5:15); mintieron
al Espíritu Santo y murieron en el acto (5:1-10).

¿Qué hay de malo en este énfasis? Nada, en mi opinión; es
exactamente correcto.

El problema es que ninguno aprenderá del otro; hablan entre sí y no toman en serio el otro punto de vista.

Según Jesús, en Mateo 22:29, los saduceos ignoraban dos cosas: las Escrituras y el poder de Dios. Recuerde, las Escrituras se refieren a la Biblia (la Palabra); el poder de Dios, al Espíritu Santo (el Espíritu).

En el caso de los saduceos, por supuesto, solo tenían las escrituras del Antiguo Testamento. Jesús estaba diciendo que ignoraban el Antiguo Testamento. Tenemos el Nuevo Testamento, que ellos no tenían. No olvide nunca que el Nuevo Testamento es tan infalible e inspirado por Dios como el Antiguo Testamento. Tienen el mismo estatus que la Palabra de Dios. Cuando menciono la *Palabra* o las *Escrituras*, me refiero tanto al Antiguo *como* al Nuevo Testamento.

Una diferencia entre la situación en los días de Jesús y la actual es probablemente la siguiente: aunque los saduceos ignoraban tanto la Palabra como el Espíritu, sospecho que un gran segmento de la iglesia actual a menudo ignora una u otra cosa o su énfasis está en uno u otro lado.

Tenemos a los que son conocedores de la Palabra. Yo los llamo gente de la Palabra. Y a los que enfatizan el Espíritu Santo o conocedores de los dones del Espíritu. Me refiero a ellos como gente del Espíritu.

En mi experiencia, a la gente de la Palabra le molesta que alguien diga que ignoran al Espíritu Santo. Se indignan. "¿Qué quieres decir?", me dicen, "¡Creemos en el Padre, el Hijo y el Espíritu Santo!". No quiero ser injusto, pero a veces me he preguntado si están convencidos verdaderamente de "Dios el Padre, Dios el Hijo y Dios la Santa Biblia", como suele decir Jack Taylor.

De la misma manera, la gente del Espíritu se siente insultada si alguien dice que ignora la Palabra, o al menos la buena teología. "¡Creemos en la Biblia! ¡Eso es todo lo que predicamos!", dirán con fervor. Ahora bien, sugerir que no tienen mucho interés en la teología seria los respalda. No la entienden.

Por eso hoy tenemos los dos campos. Como una pareja divorciada, hablan sin oírse, sin escucharse realmente, ya que cada grupo está absolutamente convencidos de que están bien y no tienen ningún problema. De ahí que el problema continúe. La iglesia está dormida. El mundo se va al infierno y no parece importarnos mucho. Todos queremos permanecer acomodados en nuestras zonas de confort.

Ha habido algunos acontecimientos desde la Conferencia Palabra y Espíritu de 1992 que debo tratar, aunque ambas enfermedades existen desde hace más tiempo.

Cambios en los carismáticos

1. Enseñanza de la prosperidad

El denominador común que mantuvo unidos a la mayoría de los carismáticos y pentecostales en los primeros años fue el énfasis en las señales, los prodigios, los milagros y los dones del Espíritu, principalmente sanidades. Sin embargo, eso no es cierto en algunos ministerios carismáticos o pentecostales hoy, en los que el énfasis se ha desplazado a la enseñanza de la prosperidad.

Así es en parte cómo sucedió. Hubo una indudable unción de sanidades y milagros en la década de 1950. La gente se curaba verdaderamente: del cáncer, de la polio (antes de que la vacuna Salk se utilizara ampliamente) y de la inmovilidad. Un gran número de personas se levantaban de sus sillas de ruedas y se las llevaban a casa o las desechaban. Mientras tanto, algunas de las personas de alto perfil que enfatizaban la curación y que veían personas sanadas comenzaron a realizar transmisiones por televisión. El dinero fluyó. Pero, por alguna razón, las sanidades empezaron a decaer. Con menos milagros genuinos, se necesitaba otra razón para mantener a la gente mirando y al dinero fluyendo.

Por esta época, el énfasis pasó de los milagros curativos a los milagros financieros. Hoy en día, cualquier personalidad televisiva rara vez termina un programa sin mencionar las finanzas y dar a entender que Dios no quiere que seas pobre. No estoy diciendo que no haya base bíblica para algunas de esas enseñanzas. He escrito un libro llamado *Diezmo*, y en él enfatizo que "no se puede dar más que el Señor". Sin embargo, me temo que algunos han ido demasiado lejos con su énfasis o, debería decir, con sus intereses.

2. Sanadores de fe

Por desdicha, algunos de los que oraban por los enfermos se hicieron conocidos por tres cosas. Primero, mantenían a las personas en sillas de ruedas alejadas del frente del auditorio, donde tendrían más esperanzas de recibir oración. Un famoso sanador se negó a orar por las personas en sillas de ruedas. En segundo lugar, comenzaron a culpar a las personas que necesitaban curación por su falta de fe si no eran sanadas, haciendo que los que tuvieran enfermedades o discapacidades se sintieran culpables. Este tipo de cosas no caracterizaban la era de la unción sanadora que existía hace décadas. En tercer lugar, en algunos parece haber surgido un espíritu de arrogancia cuando se trata de la propia fe. Por ejemplo, un predicador famoso dijo: "Si el apóstol Pablo hubiera tenido mi fe, no habría tenido su aguijón en la carne". Este tipo de enseñanza es incorrecta, y muchas personas sinceras que no conocen una teología seria se dejan llevar por eso.

Cambios en los evangélicos

1. Menosprecio por el Espíritu

No entraré mucho más en el tema cesacionista. Me he ocupado de eso en *Fuego santo*. Mi observación, sin embargo, es que los ministros evangélicos, en general, que no son cesacionistas también podrían serlo. Se mantienen a una distancia segura de cualquiera que pueda causar revuelo. Temen perder miembros o involucrarse en cualquier cosa que pueda afectar sus finanzas. Permanecen en sus zonas de confort. A menudo parecen aterrorizados ante cualquier actividad actual del Espíritu Santo. Además, repetiré lo que he dicho muchas veces: si no fuera por el don de hablar en lenguas, probablemente no habría objeción a los dones del Espíritu. El verdadero avivamiento nunca viene en un paquete limpio y ordenado.

2. Evitar problemas graves

Me preocupa la poca oposición a la masonería. Hay bautistas del sur, tanto pastores como laicos, en altos cargos que son masones. Muchos, muchísimos diáconos y líderes laicos de diversas denominaciones en Estados Unidos son masones, y casi nadie dice una palabra.

También debo mencionar la falta de predicación sobre el castigo eterno en la mayoría de los púlpitos hoy. Me temo que esto incluiría también a un número creciente de iglesias carismáticas. Aquellos que han optado por creer en el aniquilacionismo (la visión de que el castigo eterno significa que las personas llegan a la nada) han aumentado dramáticamente. Además, muchos de los que rechazan el aniquilacionismo rara vez enfatizan que los perdidos sufrirán un castigo eterno consciente después de su muerte.

En resumen, así como la iglesia en Éfeso había abandonado su primer amor, el evangelio, también lo han hecho muchos que creen en este mentalmente pero no lo predican con pasión. Ganar almas no es popular.

Además, la mayoría de la gente hoy en día nunca ha oído hablar de la palabra *propiciación*, que es la esencia del evangelio. Esa palabra significa que la sangre derramada de Jesús apartó la ira de Dios. La justicia de Dios fue *satisfecha* por la muerte de su Hijo. Para que las personas sean salvadas, solo necesitan transferir su confianza de las buenas obras a la sangre derramada de Cristo.

REFLEXIÓN PERSONAL

Reflexione en su historia en la iglesia. ¿Se ha encontrado predominantemente a favor de la Palabra o del lado del Espíritu? ¿Qué se ha enfatizado más en su desarrollo espiritual?

_____

_____

¿Puede ver evidencia de algunas de las enfermedades mencionadas anteriormente? ¿Cuáles son las fortalezas que ve operando en los movimientos carismáticos y evangélicos? ¿Cómo podría empezar a reconectar esos dos lados en su propio caminar con el Señor?

_____

_____

DÍA 23

EXPERIENCIA DEFECTUOSA

¿Quién como tú, Señor Dios de los Ejércitos,
rodeado de poder y de fidelidad?
—Salmos 89:8

En Mateo 22, cuando los saduceos acudieron a Jesús
con sus parcialidades y prejuicios, él les dijo: "Ustedes
andan equivocados porque desconocen las Escrituras
y el poder de Dios" (v. 29).

Cuando las multitudes escucharon la forma en que Jesús
exponía el Antiguo Testamento, quedaron "*admiradas* de su
enseñanza" (Mateo 22:33, énfasis agregado). Me fascina que
las enseñanzas de Jesús puedan provocar tal emoción. Quedaron deslumbrados por su enseñanza. Es la misma palabra
griega usada en Mateo 7:28-29 cuando, al final del Sermón
del Monte, las multitudes estaban "asombradas de su enseñanza, porque les enseñaba como quien tiene autoridad, y no
como sus propios escribas". Es la misma palabra usada en
Lucas 9:43 cuando Jesús expulsó un demonio; todos estaban
"asombrados".

A menudo pienso en la canción de Graham Kendrick "Res-
taura, oh Señor", que habla de Dios restaurando la honra a su
nombre. ¿Cómo cree que se producirá la restauración de esa
honra? Algunos podrían decir que vendrá solo mediante una

demostración de señales, prodigios y milagros. Eso podría ser cierto. Sin embargo, creo que Dios va a retener los fenómenos de señales y prodigios de la iglesia en general hasta que dos cosas se unan: las Escrituras y el poder de Dios: la Palabra y el Espíritu.

Me refiero nuevamente a donde el apóstol Pablo dijo: "Nuestro evangelio les llegó no solo con palabras, sino también con poder, es decir, con el Espíritu Santo y con profunda convicción" (1 Tesalonicenses 1:5). Pablo dijo a los corintios: "Mi mensaje y mi predicación no fueron con palabras sabias y persuasivas, sino con demostración del poder del Espíritu" (1 Corintios 2:4). Además, combinó congruentemente las Escrituras con una demostración del poder de Dios: la Palabra de Dios y el Espíritu de Dios. Otra forma de decirlo, como examinaremos con más detalle más adelante, es que la Palabra y el nombre de Dios se volverán a unir.

Sin embargo, la forma en que Jesús lo expresa en Mateo 22:29 es la combinación de las Escrituras y el poder de Dios. La palabra *poder* es la misma que se usa en Lucas 24:49 cuando Jesús dijo: "Quédense en la ciudad hasta que sean revestidos del poder de lo alto". Es la palabra usada en Hechos 1:8: "Pero cuando venga el Espíritu Santo sobre ustedes, recibirán poder". Los dos juntos —las Escrituras y el poder de Dios— son la única explicación de lo que sucedió cuando Pedro predicó el día de Pentecostés. Era una fuerza que desafiaba una explicación natural. Solo Dios podría hacerlo.

Para evitar ser como los saduceos en los días de Jesús, debemos saber dos cosas que ellos no sabían: las Escrituras *y* el poder de Dios. Ambos deben enfatizarse y experimentarse simultáneamente.

Los saduceos descendían principalmente de familias sacerdotales. Su ascendencia se remonta al sacerdote Sadoc, de quien deriva su nombre. Eran la aristocracia de la época, menos numerosos que los fariseos pero mucho más influyentes en su posición. Los saduceos no *pensaron*, lo *sabían*; ellos eran los expertos en la ley de Moisés.

Los saduceos tenían un respeto mínimo por lo profético. Su autoridad era el Pentateuco, los primeros cinco libros de la Biblia. Para ellos, los profetas del Antiguo Testamento eran de segunda clase, ya fueran los canónicos (aquellos que tienen un libro que lleva su nombre, como Isaías o Ezequiel) o los Elías o Eliseo de las Escrituras. Según Hechos 23:8, las principales distinciones doctrinales de los saduceos eran (1) la no resurrección del cuerpo; (2) la inexistencia de los ángeles; y (3) la no existencia de los espíritus incorpóreos: sentían que el alma moría con el cuerpo. Eran aniquilacionistas.

Los saduceos despreciaban a Jesús de Nazaret. No les importaba que los fariseos sintieran lo mismo. Estaban decididos a demostrar que sus distinciones doctrinales eran correctas y que Jesús era un fenómeno efímero.

En el diálogo entre Jesús y los saduceos en Mateo 22:23-32, los saduceos estaban muy orgullosos de sí mismos por presentar un caso hermético que probaría su punto y pondría a Jesús en su lugar. "'Maestro', dijeron, 'Moisés nos dijo que si un hombre muere sin tener hijos, su hermano debe casarse con la viuda y levantarle descendencia'". Siguieron esta declaración legal con una ilustración. La inventaron. Era teóricamente posible pero, en cualquier caso, convenía a su propósito. "Había siete hermanos entre nosotros. El primero se casó y murió, y como no tenía hijos, dejó a su esposa a su hermano. Lo mismo le sucedió al segundo y tercer hermano, hasta llegar al séptimo. Finalmente, la mujer murió. Ahora bien, en la resurrección, ¿de quién será esposa ella de los siete, ya que todos estuvieron casados con ella?".

Jesús no se dejó intimidar por su intento de atraparlo. Su respuesta fue: "Están en un error". Una vez escuché a William Hendriksen (1900-1982) decirlo de esta manera: "Están engañados". En pocas palabras: "Son unos ignorantes".

¡Imagínese eso! Jesús les estaba diciendo a los expertos del Pentateuco: "Ustedes ignoran las Escrituras". ¿Se imagina decirle eso a un profesor de seminario, a un catedrático de Oxford o a un erudito del Nuevo Testamento?

Luego Jesús añadió: "No solo ignoran las Escrituras, sino que también ignoran el poder de Dios". Ahora bien, ¿por qué mencionar eso? No estaban en lo más mínimo interesados en ese tema. No habían acudido a hablar del poder de Dios; eso era lo más alejado de sus mentes. Fue Jesús quien lo mencionó. Nada era más irrelevante para ellos.

Me pregunto cuántos cristianos hoy son así. Han sentido que su conocimiento de las Escrituras basta, que su énfasis en la doctrina es suficiente. Piensan que las Escrituras son lo único que importa y que hablar del poder de Dios solo fue para la era apostólica.

REFLEXIÓN PERSONAL

¿Ha experimentado la Palabra de tal manera que se quedó asombrado como la multitud que escuchaba a Jesús? ¿Qué le sorprendió y qué aprendió acerca de la naturaleza de Dios que no se había dado cuenta antes?

_____

_____

_____

Póngase en la posición de los saduceos y piense en una época en la que, de alguna manera, no se le podía enseñar. ¿Cuál fue el costo de esa actitud? ¿Cómo le reveló Dios su error?

_____

_____

_____

CONOZCA LA PALABRA

Recita siempre el libro de la Ley y medita en él de
día y de noche; cumple con cuidado todo lo que en
él está escrito. Así prosperarás y tendrás éxito.
—Josué 1:8

L a iglesia actual, en términos generales, es como el antiguo faraón "que no conoció a José" (Éxodo 1:8). José, primer ministro de Egipto, había convertido a los hijos de Israel en héroes en Egipto. La riqueza de la tierra era suya. El faraón de aquella época les dio todo lo que querían, pero ese faraón murió. Mientras tanto, los hijos de Israel crecieron y se multiplicaron. El nuevo faraón se sintió amenazado por el creciente número de israelitas y no le interesaba José, que también había muerto. Ese faraón persiguió a los hijos de Israel. Era como si José nunca hubiera existido.

La iglesia hoy está llena de millones de faraones "que no conocieron a José". Hay quienes aspiran a hacer la obra de Dios pero no conocen su Palabra. Escuché a John Winter enseñar en el Royal Albert Hall, en Londres, que Lutero y Calvino nos dieron la Palabra en el siglo dieciséis, pero que este era el siglo veinte y Dios quería que nosotros hiciéramos la "obra".

Más tarde, esa semana, le abrí mi corazón a él con tanto amor como pude. "John, estás enseñando a 'personas que son como los faraones que no conocieron a José'. Estás suponiendo que la gente del siglo veinte tiene la Palabra porque los reformadores nos dieron la Palabra hace cuatrocientos años. Muchos de los que hoy intentan hacer la obra no conocen realmente la Palabra".

Dejó el cuchillo y el tenedor, se puso ambos dedos índices en el pecho y dijo: "Has llegado el núcleo mismo de mi pensamiento en este momento. Acepto lo que has dicho". Sentí que lo decía en serio, pero nunca supe si intentó aplicarlo.

En Juan 14:26 Jesús dijo que el Espíritu Santo nos recordaría lo que se nos había enseñado. Cuando lea ese versículo, no olvide que los discípulos de Jesús habían sido entrenados. Fueron enseñados por el propio Jesús; habían escuchado mucho y aprendido bastante. ¿Olvidarían lo que habían aprendido? "No se preocupen por eso", dijo Jesús. "El Espíritu Santo traerá a sus mentes lo que han aprendido".

Escucho a la gente hablar sobre el deseo de ser llenos del Espíritu, lo cual aplaudo. Sin embargo, tengo que decirles que si tienen la cabeza vacía antes de ser llenos del Espíritu, la tendrán vacía después de ser llenos del Espíritu. El Espíritu no puede recordarle algo que usted nunca supo, en primer lugar.

Creo que se acerca un avivamiento: un derramamiento sin precedentes, diferente a todo lo que nuestra generación haya visto. La pregunta es: ¿estamos preparados para ello? ¿Hemos sido entrenados? ¿Nos han enseñado? Las personas que Dios usará más son aquellas que han buscado su rostro (que lo conocen y desean más *de* él) en vez de su mano (lo que pueden obtener *de* él). Dios está buscando un pueblo que haya escudriñado su Palabra y se haya asombrado ante ella.

Job podría decir: "He atesorado sus palabras más que la comida diaria" (23:12 NTV). El salmista podría decir: "En mi corazón atesoro tus dichos para no pecar contra ti" (Salmos

119:11). ¿Cuántos de nosotros memorizamos las Escrituras, un arte que prácticamente ha desaparecido de la tierra? Es posible que pregunte: "¿De qué sirve eso? ¿Por qué leer la Biblia? ¿Por qué memorizar las Escrituras? ¿Por qué soportar la enseñanza? Es muy tedioso; muy aburrido".

A lo que respondo: "Un día dará sus frutos; el Espíritu le traerá a la mente lo que ha aprendido".

REFLEXIÓN PERSONAL

¿De qué maneras ha estudiado las Escrituras? ¿Le ha parecido aburrida o vivificante la enseñanza bíblica?

_____

_____

_____

¿Alguna vez el Espíritu Santo le ha recordado un versículo o un pasaje de la Biblia? ¿Qué efecto tuvo eso en sus circunstancias? Si aún no practica eso, elija un versículo para memorizar esta semana. Pídale al Espíritu Santo que se lo recuerde cuando lo necesite.

_____

_____

_____

UN DESPERTAR SIN PRECEDENTES

La noche está muy avanzada y ya se acerca el
día. Por eso, dejemos a un lado las obras de la
oscuridad y pongámonos la armadura de la luz.
—Romanos 13:12

Un despertar sin precedentes, que creo que está por llegar, se producirá cuando las Escrituras y el poder de Dios se unan. Otra manera de decirlo es que la Palabra y el nombre de Dios se vuelvan a unir, se vuelvan a casar. Las dos maneras en que Dios se reveló en el Antiguo Testamento fueron a través de su Palabra y su nombre. "Quiero postrarme hacia tu santo Templo y alabar tu nombre por tu gran amor y fidelidad. Porque has exaltado tu nombre y tu palabra sobre todas las cosas" (Salmos 138:2). La versión Reina Valera 1960 lo hizo bien, como sigo diciendo; dice: "Has engrandecido tu nombre, y tu palabra sobre todas las cosas".

¿Qué es la palabra? Ella llegó a Abraham, Isaac y Jacob. Abraham la creyó y fue salvo. "Abram creyó a Jehová, y le fue contado por justicia" (Génesis 15:6 RVR1960). La gente todavía se salva de esta manera, pero ¿qué dice la Escritura? "La palabra está cerca de ti, la tienes en la boca y en el corazón". Esta es la palabra de fe que predicamos: que si confiesas con tu boca que Jesús es el Señor y crees en tu corazón que Dios lo levantó de entre los muertos, serás salvo" (Romanos 10:8-9).

¿Qué pasa con el nombre? Fue revelado por primera vez a Moisés. Dice en Éxodo 3:6, el mismo versículo que Jesús cita a los saduceos: "Yo soy el Dios de tu padre. Soy el Dios de Abraham, de Isaac y de Jacob. Al oír esto, Moisés se cubrió el rostro, pues tuvo miedo de mirar a Dios". Sin embargo, lea Éxodo 6:2-3: "En otra ocasión, Dios habló con Moisés y dijo: 'Yo soy el Señor. Me aparecí a Abraham, a Isaac y a Jacob bajo el nombre de Dios Todopoderoso, pero no les revelé mi verdadero nombre, que es el Señor'".

¿Cómo fue eso? Abraham, Isaac y Jacob conocieron y respondieron a la Palabra de Dios, pero no conocían su nombre. ¿Como es posible? Porque la Palabra de Dios tiene prioridad sobre su nombre. Escuchar la Palabra nos salva. Así fue como Dios se dio a conocer a Abraham. Así fue como Abraham fue salvo; así es como somos salvos.

Esto explica cómo es posible que una iglesia continúe sin señales ni prodigios. Las señales y los prodigios no nos salvan. Somos salvos por el evangelio que nos dice que Jesús murió en la cruz por nuestros pecados y resucitó de entre los muertos. Escuchar esa Palabra de gracia y abrazarla por fe es lo que nos salva. Por eso iremos al cielo cuando muramos y no al Infierno. La sangre que Jesús derramó en la cruz hace dos mil años es el bien más preciado en la historia de la humanidad. La sangre que goteaba de sus manos, sus pies y su cabeza clamó a Dios y satisfizo la justicia divina. Por él somos salvos; sin él estamos perdidos. Es escuchar esa Palabra lo que nos lleva de la muerte a la vida.

La gente puede ver o experimentar señales y prodigios e ir al infierno. Puede ministrar señales y prodigios e ir al infierno. Jesús dijo: "Muchos me dirán aquel día: 'Señor, Señor,

¿no profetizamos en tu nombre y en tu nombre expulsamos demonios e hicimos muchos milagros?'. Entonces les diré claramente: 'Jamás los conocí. ¡Aléjense de mí, hacedores de maldad!'" (Mateo 7:22-23).

A veces no puedo evitar preguntarme cómo se sienten los sanadores de fe y las personas proféticas al escuchar versículos como ese.

Dicho esto, recuerde que también es posible conocer la Palabra y perderse. Es posible ser sano en doctrina y nunca convertirse. Algunas personas se sientan bajo el ministerio de la predicación y, con asombro, uno descubre que nunca se han convertido. Así que no diga que solo porque tiene sana doctrina irá al cielo. Puede ser sano en doctrina y estar perdido. El diablo cree y tiembla (Santiago 2:19).

REFLEXIÓN PERSONAL

Medite en su propia experiencia de conversión. ¿Cómo le llegó la verdad del evangelio en su incredulidad? ¿Qué le atrajo hacia la realidad de la cruz?

¿De qué manera ha experimentado señales y prodigios de Dios? ¿Qué impacto ha tenido presenciar el poder de Dios en su fe y en su comprensión de la naturaleza de Dios?

DÍA 26

SEÑALES Y MARAVILLAS

En todo caso, Pablo y Bernabé pasaron allí bastante
tiempo, hablando valientemente en el nombre del
Señor, quien confirmaba el mensaje de su gracia
haciendo señales y prodigios por medio de ellos.
—Hechos 14:3

No se equivoque: el evangelio de Jesucristo está completo sin señales ni prodigios. Sin embargo, la Biblia no lo está sin ellos.

Un día, Dios se apareció a Moisés. Este se levantó esa mañana sin saber que ese día sería diferente. Estaba cuidando ovejas al pie del monte Horeb cuando vio una zarza en llamas. Quizás no hubiera nada inusual en eso; tal vez lo había visto antes. Pero en esta ocasión notó algo diferente: el arbusto no se quemaba. Una de dos cosas sería cierta. O el arbusto era diferente o el fuego era diferente. Comenzó a mirar más de cerca.

Muchos quieren lo que quería Moisés. Quería una explicación racional de lo que estaba sucediendo. Todos tenemos nuestras preguntas. Algunas cosas son demasiado profundas para ser reveladas de este lado de la eternidad. Dios dijo simplemente: "No te acerques más. Quítate las sandalias, porque estás pisando tierra santa" (Éxodo 3:5). En ese evento, un acontecimiento a través del cual Moisés nunca volvería a ser el mismo, Dios reveló su nombre: "Yo SOY EL QUE SOY" (Éxodo 3:14). Y continuó diciendo que se reveló a Abraham, Isaac y Jacob como Dios Todopoderoso, pero no les dijo su nombre.

Fenómenos sin precedentes (señales y prodigios) acompañaron la revelación del nombre de Dios. Comenzaron con la zarza ardiente. Continuaron con la vara de Aarón, que se convirtió en serpiente, y con las diez plagas de Egipto, culminando con la noche de Pascua y el cruce del mar Rojo en tierra seca. Una clase de poder sin precedentes inauguró la revelación del nombre de Dios. Las señales y los prodigios desafiaban toda explicación natural.

¿Cómo resumimos la relación entre su Palabra y su nombre? La Palabra se relaciona con la integridad de Dios: su promesa, su gracia, su incapacidad para mentir. Es la forma en que somos salvos. Su nombre se refiere a su honra: su reputación, su poder y su influencia. Entonces, aunque la Palabra de Dios se refiere a su integridad, su nombre se refiere a su vindicación.

Sin embargo, los saduceos no sabían nada de eso. "Están en un error", dijo Jesús, "porque no conocen las Escrituras ni el poder de Dios" (Mateo 22:29). *Ni siquiera sabían lo que realmente significaba Éxodo 3:6:* que el tema subyacente a ese versículo era honrar a Dios. ¿Qué pasó con Abraham, Isaac y Jacob? ¿Eran solo reliquias del pasado? ¿Murieron como perros, ganado o árboles?

Jesús conmocionó a los saduceos. Le dio la vuelta a su engreída interpretación y con ella afirmó no solo la resurrección de los muertos sino también la veracidad de los ángeles y la inmortalidad del alma. La existencia de un estado intermedio exige la resurrección del cuerpo. Él les dijo en Mateo 22:30: "En la resurrección la gente no se casará ni se dará en matrimonio; serán como los ángeles del cielo". La resurrección significa el fin de la muerte. No habrá necesidad de procreación de la raza. Seremos como los ángeles en el cielo.

En este punto Jesús dijo, por así decirlo: "[Ah, por cierto] en cuanto a la resurrección de los muertos, ¿no han leído lo que Dios les dijo a ustedes: 'Yo soy el Dios de Abraham, de Isaac y de Jacob'? Él no es Dios de muertos, sino de vivos" (vv. 31-32). En otras palabras, Abraham, Isaac y Jacob están bien vivos. Están en el cielo ahora mismo con los ángeles. Sus almas y sus espíritus incorpóreos están con el Señor en este momento, adorándolo.

Al nivel natural, y a menudo en el sentido equivocado, todos queremos poder. Por eso la gente quiere un aumento salarial. Por eso la gente quiere un ascenso. En 1960 le preguntaron a John F. Kennedy (1917-1963): "¿Por qué quiere ser presidente?" A lo que respondió: "Porque ahí es donde está el poder".

En la dimensión espiritual, deberíamos estar ávidos de poder. Jesús dijo: "Quédense en la ciudad hasta que sean revestidos del poder de lo alto" y "cuando venga el Espíritu Santo sobre ustedes, recibirán poder" (Lucas 24:49; Hechos 1:8). Como hemos visto, el apóstol Pablo nos advirtió en cuanto a "tener apariencia de piedad, pero negar la eficacia de ella" (2 Timoteo 3:5).

¿Cuál es entonces la base para que Dios dé poder espiritual a sus seguidores? Identifico cuatro aspectos:

1. Lectura personal de las Escrituras. Tenemos que hacernos estas preguntas: "¿He leído mi Biblia? ¿La he leído completa?". Hay quienes no tienen ningún plan de lectura de la Biblia, ni siquiera planean tener un plan. Jesús le diría: "No conoces las Escrituras". Una fuerte vida de oración personal y la lectura diaria de las Escrituras son los primeros pasos para tener el poder del Espíritu Santo.

2. Revelación personal de las Escrituras. Note cómo lo expresó Jesús: "¿No has leído lo que Dios *te* dijo?" (Mateo 22:31, énfasis agregado). En otras palabras, Jesús dijo: "Es para ustedes, saduceos". Sin embargo, si estaba a la disposición de los saduceos, lo está para cualquiera. ¿Cuál fue la última vez que el Espíritu de Dios atravesó su corazón como un rayo láser mientras leía su Biblia?

3. Estudio personal de las Escrituras. Quizás conozca las palabras familiares de Éxodo 3:6; se convirtieron casi en un cliché: "Yo soy ... el Dios de Abraham, el Dios de Isaac y el Dios de Jacob". Estas palabras eran tan conocidas para los saduceos como Juan 3:16, que resume la Biblia, lo es para la mayoría de nosotros.

Muchos de nosotros nos encerramos en un punto de vista estrecho sobre ciertos versículos o enseñanzas de la Biblia, al igual que los saduceos. Algunos pensamos que lo sabemos todo. Hemos aceptado un punto de vista heredado sin hacer análisis. A menudo no hay reflexión personal mediante la cual conozcamos el significado real de cualquier versículo. Eso viene al buscar al Señor con fervor. Así que acérquese a él con franqueza y dígale: "Señor, ¿es posible que me equivoque en cuanto a entender este versículo o con este punto de vista?".

4. Liberación personal del Espíritu. Para muchos de nosotros esto es lo más difícil de hacer. Implica renunciar a cualquier "reclamo" que pretendamos hacerle a Dios, como un sentimiento de derecho, como si él nos adeudara algo. Este es un gran paso de fe.

Para algunos puede parecer inapropiado hablar sobre liberar al Altísimo, al Espíritu Santo o liberar a Dios, pero es cierto. Atamos al Espíritu aferrándonos a nuestro miedo o permaneciendo en nuestra zona de confort. Liberamos el Espíritu no solo al perdonar totalmente a cada persona en la tierra, sino también al dar un paso de fe para hacer lo que él ha ordenado.

REFLEXIÓN PERSONAL

¿Con qué frecuencia lee la Biblia completa? Idealmente, ¿cómo quiere que sea su vida de oración personal y su horario de lectura de las Escrituras? ¿Cómo podría dar el primer paso en esa dirección?

_____

_____

_____

La próxima vez que lea la Biblia o se encuentre con un punto teológico con el que no esté de acuerdo, intente hacerle esta pregunta a Dios: "¿Es posible que yo haya entendido esto mal?". Deje que Dios le hable. ¿Cómo le está invitando Dios a salir de su zona de confort en esta temporada?

_____

_____

LIBERE AL ESPÍRITU

El Señor mismo marchará al frente de
ti y estará contigo; nunca te dejará ni te
abandonará. No temas ni te desanimes.
—Deuteronomio 31:8

En pocas palabras, liberar al Espíritu es tener la valentía de hacer lo que Dios le dice que haga. Sabrá en lo profundo de su corazón lo que él le está indicando. Tuve que invitar a Arthur Blessitt a la Capilla de Westminster. Fui personalmente a las calles de Buckingham Gate y Victoria para hablar con los transeúntes sobre Jesucristo. Sabía que pagaría un precio, pero valió la pena. Tuve que estar dispuesto a cantar coros y canciones modernas en el culto, un procedimiento sin precedentes para nosotros en la Capilla de Westminster. El 6 de junio de 1982, tuve que plantear mi primera invitación al final de un sermón para llamar a la gente a confesar su fe, una práctica nunca antes realizada en la Capilla de Westminster.

Aunque parezca incongruente, cuando liberé al Espíritu Santo, yo también fui liberado.

Sin embargo, también liberamos al Espíritu cuando buscamos tanto el fruto como los dones del Espíritu con igual seriedad; cuando dejamos de apagar el Espíritu con nuestro miedo, prejuicios y terquedades; y cuando dejamos que Dios sea Dios. Liberamos al Espíritu cuando estamos dispuestos a perdonar a quienes nos han herido de alguna manera (Efesios 4:30-32). Guardar rencor ata el Espíritu; el perdón total lo libera. Puede resultar sorprendente cómo la falta de amargura erradica tantos prejuicios.

La liberación del Espíritu proviene del propio Espíritu. Es lo que él hace, y la prueba de que él lo ha hecho es que ¡incluso usted se siente libre! Donde está el Espíritu del Señor, allí hay libertad (2 Corintios 3:17).

Como mencioné antes, la pregunta que debemos hacernos es: ¿Cómo va a llevarse bien con el Espíritu? Si queremos poder, tendrá que venir del Espíritu. Si queremos llevarnos bien con el Espíritu, entonces tenemos que llevarnos bien con su libro, su mayor producto. Lo honramos cuando mostramos que amamos su Palabra, al punto que anhelamos conocer la Biblia al derecho y al revés.

¿Dice usted que ama al Espíritu Santo? Él le pregunta: "¿De veras?". La liberación del Espíritu resultará en una renovación personal de poder que restaurará la honra al nombre de Dios.

Perdóneme si me equivoco, pero sospecho que en lo referente al tema de *la Palabra y el Espíritu,* los evangélicos parecen estar más interesados en la Palabra que en el Espíritu Santo. Los carismáticos, por otra parte, parecen interesarse más en el Espíritu Santo que en la Palabra. En mi opinión, debemos amar a ambas cosas por igual, perseguir a ambas y enfatizar las dos por igual.

Me temo que algunos tienen tan poca confianza en la autoridad de la Palabra que apenas se les ha pasado por la cabeza cómo puede la Palabra de Dios asombrar. Como ya vimos, Jesús podía asombrar a la gente con la Palabra tan fácilmente como con las señales y los prodigios.

Usted podría decir: "Bueno, si solo pudiera tener a Jesús enseñándome personalmente todo el tiempo, yo también me asombraría".

Respondo: Tiene con usted al mayor expositor. Él está en usted: el Espíritu Santo. Liberaremos al Espíritu en la medida en que (1) nos asombremos por su Palabra, (2) dejemos de apagarlo con la incredulidad y (3) dejemos de contristarlo con amargura y falta de perdón.

Por lo tanto, el alcance del poder se encontrará en la medida en que valoremos su propia Palabra. Las siguientes señales serán su sello sobre nosotros. El poder que fluye de su nombre será proporcional a nuestro amor por su Palabra. Cuando expresemos ese amor, no se sorprenda al ver sanidades, milagros, señales y prodigios incluso durante la predicación del evangelio. Puede que no haya necesidad de que la gente forme filas para orar. Puede suceder justo donde está la gente.

Mi padre me puso el nombre de su predicador favorito, el Dr. R. T. Williams (1883-1946), que solía decir a los predicadores jóvenes: "Honren la sangre y honren al Espíritu Santo". Con eso quería decir que el evangelio debía enfatizar la sangre de Jesús y que el Espíritu Santo debía tener el control de los servicios que dirigimos. Nunca debemos eclipsar al evangelio, pero debemos ser receptivos al Espíritu.

Por eso temo que se haya producido un divorcio silencioso entre la Palabra y el Espíritu, entre la Palabra y el nombre, entre las Escrituras y el poder de Dios.

Cuando estos dos, la Palabra y el poder del Espíritu, se reúnan, se producirá un nuevo matrimonio. La combinación simultánea creará una combustión espontánea. Llegará el día en que los que vengan a ver oirán, y los que vengan a oír verán.

REFLEXIÓN PERSONAL

¿Alguna vez el Espíritu Santo le ha impulsado a hacer algo que le resultó incómodo? ¿Cómo respondió? ¿Cuál fue el efecto de su obediencia o desobediencia?

_____

_____

_____

Aun cuando no esté en un ministerio de tiempo completo, todos somos llamados a seguir la dirección del Espíritu Santo. ¿Cómo sería, en la práctica, ser aún más receptivo al Espíritu a lo largo del día?

_____

_____

_____

DONDE LAS PROMESAS SE ENCUENTRAN CON EL PODER

"Mi Espíritu que está sobre ti y mis palabras
que he puesto en tus labios, no se apartarán
más de ti, ni de tus hijos ni de sus descendientes,
desde ahora y para siempre", dice el Señor.
—Isaías 59:21

Es emocionante pensar en un lugar donde las promesas (la Palabra) y el poder (el Espíritu) se encuentran, pero ¿cómo funciona eso? ¿Cuál es la importancia de que la Palabra y el Espíritu se unan? ¿Qué diferencia hace eso?

Creo que hay cinco niveles en los que la Palabra y el Espíritu se unen.

1. **Creerlo**. Seamos realistas. O aceptamos esto o no lo aceptamos. Creemos que es un concepto válido o no lo creemos. Algunos dirían que la separación entre la Palabra y el Espíritu es una falsa dicotomía; la Palabra y el Espíritu nunca se separan. Si uno adopta la opinión de que la Palabra y el Espíritu siempre fluyen juntos y que no existe una separación (o divorcio) entre la Palabra y el Espíritu,

entonces lo que he escrito es falso y, por lo tanto, irrelevante.

2. **Enfatizarlo.** Hay quienes creen lo que he escrito. Piensan que es una buena palabra, una palabra oportuna. No solo eso, uno debe enfatizar de vez en cuando que la noción de unir la Palabra y el Espíritu es una buena idea. Deberíamos verlo como una combinación ideal, es decir, que la Palabra y el Espíritu se unan.

   Ante eso, hay quienes asienten positivamente con la cabeza. Algunos incluso podrían decir: "Necesitamos más énfasis en esto", pero siempre está ahí como algo futuro por lo cual anticiparnos o por lo cual orar, como patear una lata que se interpone en el camino. Mientras tanto, tenemos otras cosas importantes en las cuales pensar, por lo que nunca pasa nada. Es quizás como aquellos que no son cesacionistas pero que no les preocupa si la Palabra y el Espíritu alguna vez se unen simultáneamente.

3. **Probarlo.** En la Capilla de Westminster comenzamos los servicios de sanidad orando por los enfermos en relación con la Cena del Señor. Luego pasamos a orar por los enfermos todos los domingos por la noche, después de la predicación. Nuestros diáconos actuaban como ancianos. Aquellos que querían la unción de aceite llamaban a los ancianos de la iglesia (Santiago 5:14) sentándose en las primeras filas de la congregación. Hicimos esto durante los últimos años que estuve en Westminster. Vimos curaciones genuinas, no muchas,

pero algunas. Valió la pena hacer eso, no solo por las sanidades sino también porque acercó a todos los congregantes, unos a otros.

Estábamos haciendo todo lo posible para darle al Espíritu Santo la oportunidad de actuar. Mi función era predicar la Palabra. Asimismo, estábamos abiertos al Espíritu al ofrecer la unción con aceite. Sin embargo, hay más. Toda la congregación que quedaba siguiendo la predicación estaría en actitud de oración. A cualquiera que no quisiera orar o que no oraran por él se le pedía que se fuera a casa o al pasillo trasero a tomar un café. Eso significaba que todos en el auditorio principal estaban invitando al Espíritu Santo a manifestarse de cualquier manera que él quisiera. Una sensación especial de la presencia de Dios se convirtió en algo habitual durante los últimos días de mi pastorado allí.

4. **Probarlo.** Para referirnos a nuestra práctica en Westminster, Dios ciertamente nos dio un *adelanto*, pero fue solo eso, un adelanto, lo suficiente para hacer que uno quisiera más. Vimos sanidades incuestionables y, al menos, una liberación (un hombre que no dormía toda la noche durante veinticinco años, debido a la interferencia demoníaca, fue hecho libre). Hubo otros de los que nos enteraríamos más tarde.

El avivamiento por el que oré nunca llegó a la Capilla de Westminster. Después de la visita de Arthur Blessitt en 1982, nuestro ministerio Pilot Light provocó una gran agitación durante un tiempo: la peor prueba de toda mi vida. Pero, por otro lado, hubo una unción que se posó en la capilla y permaneció durante todo el tiempo que estuvimos allí: una dulce presencia, gran unidad, paz, gozo y fácil predicación. Todo fue una muestra de la fusión de la Palabra y el Espíritu.

5. **Experimentar la plenitud de poder.** La plenitud de poder significa un verdadero avivamiento, que nunca tuvimos en la Capilla de Westminster, pero es por lo que oro diariamente: que "Isaac" venga. Será un mover del Espíritu Santo que incluso excederá al Gran Avivamiento en Nueva Inglaterra, al Avivamiento de Cane Ridge, al Avivamiento Wesleyana en Inglaterra y al Avivamiento de Gales. No sé dónde empezará (posiblemente, en Londres), pero será un fenómeno mundial.

Como lo expresó una persona profética: "Hay un resurgimiento del temor de la venida del Señor, que caerá de repente, inesperadamente y sin previo aviso". No será una repetición; será algo sin precedentes. Añadió que "es una pérdida de tiempo decirle a la gente que se prepare. Simplemente llegará".

Espero que esa persona esté en lo correcto. Creo que tiene razón. Es lo que vivo y anhelo más que nada en el mundo. Smith Wigglesworth lo profetizó precisamente antes de morir. Ello señalará el fin del divorcio silencioso entre la Palabra y el Espíritu.

REFLEXIÓN PERSONAL

¿Cree usted que hay poder cuando el Espíritu y la Palabra se unen para beneficiar a los creyentes? Si es así, ¿cómo podría enfatizar esto en su vida?

_____

_____

_____

¿Cómo podría intencionalmente hacer espacio en su rutina habitual para que el Espíritu Santo se mueva? ¿Cómo podría seguir experimentando la plenitud del poder?

_____

_____

_____

HABILITADOS POR EL ESPÍRITU

El Espíritu del Señor está sobre mí, por cuanto me ha
ungido para anunciar buenas noticias a los pobres.
Me ha enviado a proclamar libertad a los cautivos
y dar vista a los ciegos, a poner en libertad a los
oprimidos, a pregonar el año del favor del Señor
—Lucas 4:18-19

Aun cuando lo que he escrito aquí está en el contexto
de la predicación, creo que los cristianos de cualquier vocación pueden aplicar estos principios a sus
vidas. Todos somos llamados a compartir el evangelio con
los perdidos que nos rodean. Quizás nunca esté detrás de
un púlpito, pero usted puede alcanzar personas a las que su
pastor nunca alcanzará con el evangelio. Mi oración es que
Dios use esta enseñanza para encender el ministerio personal
de cualquier cristiano.

La *predicación experimental* es el término que uso para
la predicación ungida. Nadie ha mejorado la definición de
predicación de Phillips Brooks (1835-1893), que daba en sus
históricas conferencias de Yale. Él definió la predicación como
"traer la verdad a través de la personalidad". Yo definiría
la predicación experimental como "liberar al Espíritu Santo
para que sea él mismo". Considero la predicación como un

experimento, una prueba para ver si el Espíritu Santo puede superarme o no.

Siguiendo a Aristóteles, la predicación experimental supone una tesis o premisa mayor, luego una premisa o hipótesis menor y entonces una conclusión. Mi tesis es esta:

Premisa mayor: el Espíritu Santo quiere manifestarse a sí mismo a las personas a las que me dirijo.

Premisa menor: yo soy el instrumento del Espíritu Santo.

Conclusión: el Espíritu se manifiesta a sí mismo a aquellos a quienes me dirijo.

La predicación experimental es lo que nuestros padres llamaban unción. Por extraño que parezca, las palabras *unción* y *ungido* se utilizan muy pocas veces en el Nuevo Testamento, y el significado no encaja con lo que generalmente se conoce como "predicación con unción". Unción o ungir proviene de la palabra griega *chrisma*, no *charisma*, que proviene de una raíz diferente. *Chrisma* significa "unción". La raíz de la palabra es *chriō*, de donde obtenemos el nombre Cristo, que significa ungido. Hay otras palabras griegas (como *parrēsia*, que significa audacia o libertad, o incluso varias formas de *logos*) que muchas veces expresan mejor lo que nuestros padres llamaban "unción"; por eso, Pablo expresó el deseo de que se le diera "palabras" (*logos*) en Efesios 6:19.

Hay un vocablo griego inusual que se usa solo en el Libro de los Hechos. *Apophthengomai* se traduce de tres maneras, dependiendo del contexto temporal: "enunciación" (2:4), "dirigido" (2:14) y "hablando" (26:25). Debido a esto, es casi imposible dar el significado exacto, pero una cosa está clara: se refiere a hablar en voz alta, posiblemente con la voz elevada.

No quisiera llevar este punto demasiado lejos, pero es digno de mención que la misma palabra griega, *apophthengomai*, se usa para (1) la capacidad de hablar en lenguas (Hechos 2:4), que es sobrenatural; (2) la predicación de Pedro en el día de Pentecostés (v. 14), cuando recibió el nivel más alto posible de función; y (3) cuando Pablo se dirigió al rey Agripa (26:25), que fue un momento muy importante en el ministerio de Pablo. No puedo estar seguro de por qué Lucas eligió esta palabra, pero es interesante que la empleara para referirse a estos tres sucesos extraordinarios. La implicación es que lo que permitió a los discípulos hablar en lenguas es lo mismo que le permitió a Pedro predicar como lo hizo y a Pablo hablarle a Agripa como lo hizo. En otras palabras, los tres acontecimientos se refieren a un poder inusual.

Para decirlo de otra manera, lo que los 120 discípulos en el Aposento Alto solo pudieron hacer según el Espíritu les permitió el día de Pentecostés (pronunciar palabras en otros idiomas) es lo que hizo Pedro mientras predicaba en su propio idioma el día de Pentecostés. Para que Pedro pudiera hablar poderosamente en su propio idioma, debía tener el mismo poder que les permitió a los 120 hablar milagrosamente en otros idiomas.

Muchas de las palabras griegas mencionadas en estas líneas parecen al principio muy similares. Unas lo son; otras no. Por ejemplo, *carisma* y *chrisma* suenan igual y se parecen mucho, pero provienen de raíces diferentes. Yo añadiría que la palabra griega *chrisma* es un término válido para la predicación experimental (1 Juan 2:20, 27). Proviene de *chriō*, que se refiere al acto de untar como con un ungüento, similar a cuando el salmista se refirió al "buen aceite que, desde la cabeza, va descendiendo por la barba, por la barba de Aarón" (Salmos 133:2).

Chrisma no es lo mismo que *charismata*, que significa "don de gracia". Ni siquiera proviene de la misma palabra griega. Pero, lamentablemente, hoy parece que la gente está más interesada en los carismas o el carisma que en la cualidad modesta inherente a la unción del *chrisma*.

Ahora mismo necesitamos esta unción en nuestra predicación por encima de todo. En mi opinión, la unción o el ungimiento por sí solos abrirán nuevas perspectivas para hacer realidad una predicación verdaderamente grandiosa. Si el púlpito moderno recuperara esta dimensión, contribuiría más a restaurar el respeto público por la iglesia y la fe cristiana que cualquier otra cosa que yo sepa.

Mi tesis, por tanto, es que el Espíritu Santo quiere manifestarse a sí mismo y llegar a aquellos a quienes me dirijo sin obstáculos, sin entristecerse, sin apagarse y sin disfrazarse. Está en mi poder perturbar o liberar al Espíritu. La pregunta es ¿bloquearé al Espíritu o lo dejaré pasar más allá de mí?

Al Dr. Lloyd-Jones le encantaba contar la historia de una pareja estadounidense que cruzó el Atlántico hace unos doscientos años, con la esperanza de escuchar a Whitefield predicar en su tabernáculo en Tottenham Court Road, Londres. La pareja dijo que tuvieron una travesía muy difícil. Llegaron a Southampton muy cansados, pero preguntaron si George Whitefield estaría en su púlpito el domingo. Llegó la noticia de que él estaría allí, así que al día siguiente, todavía cansados del viaje, se sentaron en el tabernáculo con gran expectación.

Dijeron que cuando se puso de pie, él también parecía cansado. Pensaron que tal vez había estado muy ocupado y no había tenido tiempo para prepararse. Al principio su sermón parecía muy confuso, por lo que pensaron: "¿Qué hemos hecho viniendo hasta aquí para esto?".

Sin embargo, durante el sermón sucedió algo indescriptible y la atmósfera se volvió celestial. Después la pareja dijo que habrían cruzado mil mares más para estar allí. Salieron del tabernáculo físicamente renovados del viaje.

Se dice que una vez alguien acudió a Whitefield y pidió permiso para imprimir su sermón. Whitefield respondió: "No tengo ninguna objeción si imprimes el relámpago, el trueno y el arco iris que aparecieron con él".

REFLEXIÓN PERSONAL

Todos somos llamados a compartir el evangelio con quienes nos rodean. Dedique algún tiempo hoy a pedirle al Señor que le recuerde personas específicas que él haya puesto en su camino. ¿Cómo podría compartir con ellos la esperanza y la libertad del evangelio?

_____

_____

_____

¿Alguna vez ha sentido la presencia de Dios en una canción, mientras leía la Biblia o escuchaba un sermón, pero no pudo explicarlo racionalmente? ¿Cómo fue impactado su corazón por este encuentro? ¿Cómo podría abrirse aún más para que el Espíritu Santo le use a lo largo de su vida diaria?

_____

_____

_____

EL ESPÍRITU SIN OBSTÁCULOS

No apaguen [sojuzguen o no respondan a
la obra y guía de] el Espíritu [Santo].
—1 Tesalonicenses 5:19

Le recuerdo mi tesis: el Espíritu Santo quiere manifestarse a sí mismo y llegar a aquellos a quienes me dirijo sin obstáculos. "El espíritu a la verdad está dispuesto, pero la carne es débil" (Mateo 26:41), y sin embargo yo soy el instrumento del Espíritu; me interpongo entre Dios y las personas, ya sea para interceptar o para transmitir lo que el Espíritu quiere ser y hacer. Si no obstruyo al Espíritu, él se manifestará a mis oyentes.

El Espíritu puede ser bloqueado por palabras de sabiduría humana. Esta es una de mis mayores preocupaciones, especialmente cuando casi todo lo que pronuncio públicamente queda registrado y, en ocasiones, se imprime. Entonces la tentación para mí es escribir un libro en vez de predicar un sermón. Esto fomenta un énfasis desequilibrado en el uso correcto de las palabras.

El apóstol Pablo fue uno de los más grandes intelectuales de la historia del mundo, uno de los más grandes retóricos de todos los tiempos. Si alguien podía hablar con la "sabiduría de las palabras", era él. Si no cree eso, lea 1 Corintios 13. Sin embargo, si Pablo hizo algún esfuerzo, fue en tener cuidado de *no hablar* de tal manera que llamara la atención a la frase bien hecha más que a la cruz. El gran Charles Spurgeon solía decir: "Esfuérzate por ser sencillo".

Limitamos al Espíritu si no permitimos que el verdadero significado del texto fluya sin obstáculos. El predicador ungido debe ser como un cristal transparente que no llama la atención pero permite a otros ver a través de él. Cuando distorsionamos el texto, somos como ventanas rotas o, peor aún, vidrieras de colores que impiden ver bien a través de ellas.

Podemos manejar mal un texto de tres maneras: primero, tratando un versículo de manera contraria a su contexto; en segundo lugar, importando una idea, por válida que sea, que el texto no pide; tercero, superponiendo nuestra propia idea al texto.

El Espíritu escribió el texto y sabe lo que significa. Mi deber es descubrir el significado del texto, no parecer inteligente ni importar una idea o superponer mi opinión al texto. El texto debe hablar por sí solo.

También limito al Espíritu Santo cuando no soy yo mismo o cuando intento imitar a alguien. Con mucha frecuencia tendemos a suponer que otro individuo tiene alguna cualidad que nosotros no tenemos. Lo vemos en otra persona y captamos sus gestos. Pensamos: "Voy a ser así y todos van a pensar que soy como él".

Hace años hubo un predicador memorable en Texas que era inusualmente poderoso. Tenía una unción asombrosa, pero cuando predicaba se tapaba la oreja con su mano izquierda (nadie sabía por qué lo hacía). Y, simplemente, seguía predicando. El hombre llegó a ser profesor de predicación en el Seminario Teológico Bautista Southwestern en Fort Worth, Texas. ¡Puede preguntarle a cualquiera de sus alumnos!

Cuando esos jóvenes pensaban que estaban "predicando de lo mejor", ¡alzaban la mano izquierda para taparse la oreja!

Conté ese relato en el Seminario Teológico Bautista Southwestern, con la esperanza de hacer una buena ilustración. Funcionó. Un viejo profesor se me acercó inmediatamente después del servicio. Me dijo: "Sé exactamente a quién te refieres".

Le dije: "Bueno, ¿podría decirme por qué esa mano izquierda tapaba la oreja izquierda del predicador?".

"Es muy sencillo —me respondió—. Tenía problemas de audición y se escuchaba mejor a sí mismo cuando hacía eso". Pero esos jóvenes no lo sabían. ¡Simplemente estaban imitando un extraño hábito, pensando que era parte de la unción!

El Dr. Lloyd-Jones contó una historia similar. Dijo: "Había un hombre en el sur de Gales que tenía un hábito excéntrico. Cuando predicaba, el cabello le caía sobre los ojos. No se lo echaba hacia atrás con la mano; se lo sacudía. Efectivamente, los predicadores jóvenes de todo el sur de Gales comenzaron a menear la cabeza cuando predicaban". Entonces Lloyd-Jones añadió que uno de los predicadores que empezó a menear la cabeza ¡era calvo!

Para algunos de nosotros lo más difícil del mundo es aceptar nuestra propia personalidad. Tuve que admitir hace mucho tiempo que no soy ningún Martyn Lloyd-Jones, para aceptarme y arriesgarme a lo que la gente pensará si soy yo mismo. ¿Por qué? Porque he llegado a ver que bloqueo al Espíritu cuando no soy yo. Dios me hizo como soy; él le hizo a usted tal como es; luego, desechó el molde con el que le creó.

Necesitamos aprender esto. Lo dignificamos cuando nos aceptamos a nosotros mismos. Cuando usted aprende a quererse a sí mismo, agrada a Dios. Él mira hacia abajo y dice: "Bueno, me alegra que te gustes; ya sabes, te hice así". Por lo tanto, lo halagamos cuando nos aceptamos tal como somos.

REFLEXIÓN PERSONAL

¿Alguna vez se ha sentido tentado a seguir su propia sabiduría y bloquear algo que el Espíritu Santo le está impulsando a hacer? ¿Qué temor cree que surge en usted ante el pensamiento de darle rienda suelta al Espíritu con su vida?

_____

_____

_____

Pídale al Señor que comparta con usted algunas cualidades especiales que él intencionalmente entretejió en su carácter. Espere su respuesta. Pregúntele qué le gusta de su personalidad. ¿Le sorprendió algo de lo que dijo?

_____

_____

_____

NO LIMITE AL ESPÍRITU

No agravien al Espíritu Santo de Dios con el que
fueron sellados para el día de la redención.
—Efesios 4:30

C uando evitamos las Escrituras difíciles, bloqueamos al
Espíritu Santo al no seguir el significado obvio del texto y sus implicaciones. Sospecho que a algunos predicadores no les agrada predicar a través de un libro de la Biblia
o capítulo, versículo por versículo, porque temen enfrentar un
pasaje dificultoso. Es posible que no sepan lo que significa el
versículo, o que tengan miedo de discutir lo que quiere decir,
por lo que saltan el pasaje. A veces se necesita valor para
transmitir el significado claro del texto a los oyentes. Podemos pensar que eso nos impedirá ser elocuentes pero, hacer
lo contrario, imposibilitará que nuestros oyentes entiendan
una simple verdad que todos tienen derecho a escuchar.

Todos los predicadores quieren dominar el texto, pero los
grandes predicadores son dominados *por* él. Cuando el texto
nos domine, declararemos claramente lo que dice y seguire-
mos con la aplicación que dicte el Espíritu Santo, aunque esa
predicación nos turbe y amenace nuestro estilo de vida.

Esto me lleva al siguiente punto. A menudo no predicamos
sobre un tema porque sabemos que hay algo en nuestras vidas

que será obvio y no nos atrevemos a predicar al respecto. Estoy convencido de que muchos predicadores no predicarán sobre el diezmo debido a que no diezman. Otros expositores no predican sobre testificar porque ellos no lo hacen. Por lo tanto, cuando se trata de ciertos versículos, no nos gusta predicar aquello que exponga nuestros corazones. Por eso el Espíritu no pasa a través de nosotros. Los reformadores acusaron a Roma de ocultar la Biblia a la gente común, pero nosotros hacemos lo mismo si no transmitimos el significado obvio del texto.

También limito al Espíritu cuando dejo que una preocupación personal o una implicación emocional se interpongan en mi predicación. A esto a veces se le llama predicar al pueblo, lo cual nunca servirá. Hay cinco opciones disponibles para el predicador:

Predicar para las personas (con el fin de beneficiarlas). Eso es desempeño.

Predicar a las personas (como audiencia). Eso es falta de autocontrol.

Predicar a la gente como si estuviera abajo. Es arrogancia.

Predicar a las personas como si estuvieran arriba. Es inspirar a los oyentes.

Pero hay una transacción que ocurre entre el trono de la gracia y el banco cuando predicamos al pueblo. Ese es nuestro llamado. Predicar a las personas (como audiencia) bloquea al Espíritu y deja al pueblo oprimido; siempre es contraproducente. Lo sé porque lo he hecho. La tentación es dejar las cosas claras. Es una empresa melancólica llamada auto vindicación. Es suponer que el púlpito es mi plataforma personal. James S. Stewart (1896-1990), en su libro *Heraldos de Dios*, citó a Bernard Manning, que dijo: "El púlpito no es del ministro como tampoco lo es la mesa de la comunión".

Sin embargo, cuando no permito que el Espíritu domine mi mente en la preparación y controle mis sentimientos en el acto de predicar, lo bloqueo o limito. El Espíritu Santo es una Persona muy sensible; de hecho, la más sensible que jamás haya existido. A menudo decimos de una persona sensible: "Será mejor que tengas cuidado con lo que dices frente a ella". Vemos la sensibilidad como un defecto en otra persona, llamándola hipersensibilidad. ¡Pero el Espíritu Santo es muy parecido! Es alarmante que no sepamos, en ese momento, que estamos contristando al Espíritu. No sentimos nada. Cuando Sansón le contó su secreto a Dalila, no sintió nada: "No sabía que el Señor lo había abandonado" (Jueces 16:20).

Pedro dijo: "Ustedes esposos ... cada uno trate a su esposa con respeto, ya que como mujer es más delicada ... Así nada estorbará las oraciones de ustedes" (1 Pedro 3:7). Sé lo que es pelear con mi esposa. También sé lo que es que mis oraciones se vean perturbadas. Una vez, un sábado por la mañana, cuando Louise y yo discutimos, cerré la puerta con ira, fui a mi escritorio, saqué mi bolígrafo y dije: "Espíritu Santo, ahora ayúdame a escribir este sermón que tengo que predicar mañana". Me quedé ahí sentado. Fue horrible. Estaba demasiado altivo para disculparme. Nuestro temperamento a menudo *nos mete* en problemas; el orgullo nos *mantiene* en ellos.

Estuve furioso siete horas, sin pensar en el sermón. Cuando al fin me disculpé y regresé al mismo escritorio, la misma Biblia y la misma hoja de papel en blanco, las ideas comenzaron a afluir en mi mente tan veloces que no podía escribir lo suficientemente rápido. Obtuve todo lo que necesitaba en cuarenta y cinco minutos. Eso, simplemente, demuestra que podemos lograr más en cinco minutos cuando el Espíritu desciende que en cinco años cuando tratamos de lograr algo con nuestras fuerzas.

Por lo tanto, bloqueo al Espíritu cuando no dejo que domine mi mente al prepararme. Cuando estoy enojado, cuando guardo rencor, cuando no he perdonado totalmente a la persona que me ha herido profundamente, es porque he contristado al Espíritu. Entristecer al Espíritu resulta en la incapacidad de pensar con claridad y escuchar a Dios. Al menos, a mí me pasa eso.

Cuando el Espíritu mismo está en mí, no se entristece y, por lo tanto, puede dominar mi mente. Cuando este es el caso, mi preparación es un deleite. Los pensamientos afloran, surgen ideas originales en las que nunca podría haber pensado, porque el Espíritu Santo escribió la Biblia y él sabe lo que significa todo lo escrito en ella.

Por último, bloqueo al Espíritu cuando no le dejo dominar mi entrega. En otras palabras, debo tener el valor de transmitir lo que el Espíritu me dio al prepararme. Debo negarme a permitir que cualquier preocupación personal se interponga entre la congregación y yo, cuando predico. También puede significar que debo estar dispuesto a dejar mis notas a un lado y, si es necesario, arruinar mi sermón.

REFLEXIÓN PERSONAL

¿Hay alguna porción de las Escrituras que haya evadido porque es demasiado difícil de entender? Regrese hoy a uno de esos pasajes desafiantes de la Biblia y pídale al Espíritu Santo que le ilumine la Palabra.

_____

_____

Pregúntele al Espíritu Santo si hay algún enojo, amargura o falta de perdón que bloquee la obra de Dios en su vida. Traiga cualquiera de esos sentimientos al Señor hoy y déjelos en la cruz, cambiándolos por su paz, su amor y su misericordia.

_____

_____

ESCUCHE DE DIOS

Porque la profecía no ha tenido su origen en la
voluntad humana, sino que los profetas hablaron de
parte de Dios, impulsados por el Espíritu Santo.
—2 Pedro 1:21

F ui consciente de "lo profético", como se le conoce hoy
en algunos lugares, al final de mi ministerio. Hasta
alrededor de 1990 habría considerado profético cualquier referencia a la escatología, la doctrina de las últimas
cosas. Me interesé por la profecía bíblica en mi adolescencia,
en parte porque mi pastor nazareno en Ashland, Kentucky,
hablaba mucho del Libro de Apocalipsis.

Cuando asistí a la Universidad Nazarena de Trevecca en
1953, ¡lo tenía todo resuelto! Incluso enseñé el Libro de Apocalipsis allí cuando el profesor dijo: "La próxima semana habla-
remos sobre Apocalipsis. ¿Hay alguien aquí que lo entienda?"
Mi mano se disparó como un cohete. "Hermano Kendall, ¿le
gustaría enseñarlo?".

Sin dudarlo respondí: "Sí". Y así lo hice, con confianza,
arrogancia y total ausencia de humildad. Me sonrojo al pensar en el efecto que tuvo en los otros estudiantes. Digamos
que no me granjeé el cariño de ellos ni el del profesor, que
amablemente se hizo a un lado para escuchar mi ignorancia.

Mientras escribo este libro, unos sesenta años después, dos cosas son ciertas. Primero, admito que sé poco o nada con certeza sobre el Libro de Apocalipsis. En segundo lugar, he conocido a varias personas proféticas muy acreditadas. Y añadiría que no estoy seguro de que entienda lo profético más de lo que sé del Libro de Apocalipsis. Está envuelto en un velo de misterio. Digo esto porque pensé que lo entendía, pero ahora me doy cuenta de que es un caso de historia que se repite. Así como sabía poco sobre Apocalipsis pero pensaba que sabía mucho, también pensaba que entendía lo profético, pero me doy cuenta de que sé muy poco.

Puedo decirle que he estado inmerso en lo bueno, lo malo y lo feo de lo profético. Sé lo suficiente para afirmar que Dios puede hablar hoy de la misma manera que le habló a Elías, pero también sé lo suficiente para darme cuenta de que las mejores personas son, en el mejor de los casos eso, personas. Es mejor para mí saber lo que sé, pero también debo decir que sé lo suficiente como para desilusionar a cualquier investigador sincero.

Quizás se pregunte: ¿Por qué lidiar con esto? Mi respuesta: porque es muy relevante.

Creo que Dios habla directamente a la gente hoy. Mantener la premisa de que Dios habla directo a las personas no es violar las Escrituras; al contrario, defiende esa posición. Como dijo una y otra vez el Dr. Lloyd-Jones, no solo a mí sino también al grupo de Westminster al que solía dirigirse cada mes: "Dios no nos dio la Biblia para reemplazar lo milagroso, el testimonio directo del Espíritu ni la revelación fresca; nos la dio para corregir abusos".

Jesucristo es el mismo ayer, hoy y por los siglos (Hebreos 13:8). El Espíritu Santo es el mismo ayer, hoy y por los siglos.

Dios Espíritu Santo puede hablar directamente hoy, pero nunca algo que agregue o contradiga las Escrituras.

> Todos los que somos perfectos, esto mismo sintamos;
> y si otra cosa sentís, esto también os lo revelará Dios.
> —Filipenses 3:15 RVR1960

¿Debo creer que las palabras de Pablo no se aplican a mí? No, nunca. Eso demuestra, simplemente, que Dios puede hablar conmigo, con usted, con quien quiera. ¿Por qué nos daría Dios el Nuevo Testamento (y palabras como las que tenemos en Filipenses 3:15) si no puede revelarnos su corrección hoy? La respuesta es esta: Dios puede hablar de esta manera hoy, es decir, para ordenarnos de una forma en la que sepamos no solo que no estamos siendo engañados sino también que él tiene una forma de mantenernos en el camino recto y angosto.

Hablando en términos personales, vivo para escuchar directamente de Dios. Aceptaré cualquier palabra suya que pueda obtener, si es que realmente es de él. Pero quiero saber que es suya. He recibido suficientes palabras proféticas, tanto de extraños como de amigos, toda la vida. He aprendido a no desestimarlos sino a ser cortés. He aprendido a no tomarlas demasiado en serio, sino a dejar sus palabras en un segundo plano y esperar a que se cumplan.

Una mujer en Escocia, a quien no había visto antes ni he vuelto a ver después, corrió hacia mí con una palabra de precaución. "Sigo viendo tu corazón. Es tu corazón. Tu corazón físico. Debes prestar atención a tu corazón y hacerte revisar". Asentí tan amablemente como pude pero no la tomé en serio. Recordé sus palabras unos meses después, cuando un cardiólogo me dijo que tenía estenosis aórtica y que necesitaría una cirugía a corazón abierto de inmediato.

Dios podría complacerse en enviar una palabra profética a través de las Escrituras, las ideas de otra persona, un himno o incluso una voz audible.

Sí, una voz audible; he experimentado eso varias veces. No es que usted pueda oírla si estuviera en la misma habitación, pero para mí era claramente audible. Sin embargo, vivo principalmente para obtener conocimiento: pensamientos e interpretaciones de la Palabra de Dios que nunca antes he visto. Estoy en lo más elevado de mi éxtasis cuando eso sucede.

REFLEXIÓN PERSONAL

¿Cómo ha sido su experiencia con la profecía? ¿Ha recibido una palabra profética que sabía que era del Señor, ya fuera en el momento o porque se demostró que era cierta después?

¿Cómo ha experimentado que Dios le habla? ¿Alguna vez ha escuchado su voz audible? ¿Qué impacto tuvo eso en su vida?

NIVELES DE PROFECÍA

No desprecien las profecías, sométanlo todo a prueba,
aférrense a lo bueno, eviten toda clase de mal
—1 Tesalonicenses 5:20-22

La profecía, si es verdadera, es una palabra que proviene directamente de Dios, sin ningún filtro ni adornos humanos, ya sea que pertenezca al pasado, al presente o al futuro. Pero no toda la profecía es del mismo calibre. Tiene niveles, como las pirámides, comenzando desde abajo y avanzando hacia arriba.

6. **Exhortación general (aliento).** El Dr. Michael Eaton llamó a esto "profecía de bajo nivel". Pablo alentó este tipo de profecía (1 Corintios 14:1ss); no estaba motivando a nadie a convertirse en otro Elías. Alguien puede tener una "palabra" (ya sea de un himno, un sueño o incluso una visión), pero esa palabra necesita ser probada. Como he dicho, no debemos despreciar tal profecía (1 Tesalonicenses 5:19-20), pero todas las palabras necesitan ser sometidas a prueba.

5. **Advertencias específicas.** Ciertos discípulos instaron a Pablo a no ir a Jerusalén. Lucas se puso de su lado; dice que advirtieron a Pablo "por el Espíritu" (Hechos 21:4). Agabo también advirtió a Pablo, diciendo: "El Espíritu Santo dice" (v. 11), pero aun así Pablo se negó a prestar atención a sus advertencias. ¿Quién lo hizo bien? ¿Se equivocó Pablo al ignorarlos? Puede que Agabo se haya equivocado; es posible que Pablo fuera el que erró. En cualquier caso, a este no pareció molestarle; de todos modos fue a Jerusalén.

4. **Predicación profética.** Pedro dijo que uno debería hablar como si sus palabras fueran "las mismas palabras de Dios" (1 Pedro 4:11). Ojalá ocurriera eso con mi predicación. Mi estilo básico es expositivo y pastoral, pero nada me emociona más que cuando alguien me dice: "¿Cómo supiste que estaba allí hoy? Eso es exactamente lo que necesitaba oír". La predicación expositiva puede ser profética sin que el predicador sea consciente de ello. Incluso si este es consciente de la habilitación del Señor, debe ser humilde al respecto y no decir: "Así dice el Señor".

3. **Cuando lo obligaron a testificar durante la persecución.** Jesús dijo: "Cuando los arresten, no se preocupen por lo que van a decir o cómo van a decirlo. En ese momento se les dará lo que han de decir, porque no serán ustedes los que hablen, sino que el Espíritu de su Padre hablará por medio de ustedes" (Mateo 10:19-20). En el otoño de

1963, cuando era pastor de una pequeña iglesia en Carlisle, Ohio, fui llamado ante un grupo de ministros para responder a las acusaciones que venían de algunos de los miembros de mi iglesia. En la mañana de mi juicio por herejía, recibí sobrenaturalmente —del Señor— el pasaje de Mateo 10:19-20. Sentí su ayuda esa noche al responder a una acusación "herética" de que afirmaba que Jesús es Dios. ¡Me declaré culpable de esa acusación! Los presentes me aseguraron que gané la jornada. Dios me dio las palabras exactas para decir. Fue la primera vez que necesité apoyarme en la promesa de Jesús en Mateo 10:19-20.

2. **Profecía no canónica. Natán, Gad, Elías y Eliseo son ejemplos de profetas no canónicos.** ¿Podría haber profetas de esa magnitud y estatura hoy? Eso creo. ¿Pueden entonces decir: "El Señor me lo dijo"? Respondo: deberían ser los más cautelosos de todos al decir cosas como "el Señor dice". ¿Por qué? Porque serán observados y examinados con el más doloroso escrutinio. Si mantienen el nombre del Señor al margen y simplemente dicen algo como "Siento que debo decirte esto", mantendrán su integridad, su credibilidad y su unción.

Muchos profetas modernos podrían haberse ahorrado una vergüenza incalculable si hubieran sido más modestos con sus afirmaciones. Usted no pierde nada manteniendo el nombre del Señor fuera de escena.

Usted avergüenza a los ángeles cuando incluye el nombre del Señor y lo hace mal. No es necesario mencionar el nombre del Señor al transmitir una advertencia o aliento a alguien.

1. **Sagrada Escritura.** Esto incluye todo el Antiguo Testamento, con los profetas canónicos, y todo el Nuevo Testamento. Las Escrituras son la revelación definitiva de Dios. Nadie jamás tendrá la autoridad para hablar así. Si algún hombre o mujer afirma hablar al mismo nivel que las Sagradas Escrituras, está completamente fuera de lugar y tarde o temprano será descubierto. Solo la Biblia es infalible.

REFLEXIÓN PERSONAL

¿Qué niveles de profecía ha experimentado o visto en acción? ¿Alguna vez le ha dado una palabra profética alentadora a alguien más? ¿Cómo afectó escuchar a ese individuo?

_____

_____

¿Le han servido como revelación profética para su vida algunos pasajes de las Escrituras, previamente resaltados por el Espíritu Santo? ¿Cuáles fueron esos pasajes? ¿Qué guía o estímulo trajeron?

_____

_____

LÍMITES DE LA PROFECÍA

No uses el nombre del Señor tu Dios en vano [tome un
momento ahora mismo para pedirle al Espíritu Santo
que le ayude a identificar cualquier cosa en su vida
que pueda ser irrespetuosa, como afirmaciones falsas o
actitudes que pongan en duda el carácter de Dios]. Yo, el
Señor, no tendré por inocente a quien se atreva a usar mi
nombre en vano [ignorando su reverencia y su poder].
—Éxodo 20:7

Hay límites para la profecía. Primero, recuerde que
cada uno de nosotros tiene solo una "medida de fe"
(Romanos 12:3). Esto significa que hay un límite
para nuestra fe. Solo Jesús tuvo una fe perfecta porque solo
él tenía el Espíritu Santo sin límite (Juan 3:34).

En segundo lugar, para los que profetizan, debe hacerse de
dos maneras: (1) en "proporción" a su fe (Romanos 12:6),
sin ir más allá de la unción; y (2) según la analogía de la fe.
La palabra griega traducida como "proporción" es analogía.
¡Esto significa comparar escritura con escritura, asegurándose
de estar dentro de los límites de una teología sana!

En tercer lugar, recuerde que las profecías cesarán (1 Corintios 13:8-9). Esto significa que hay estaciones de lo profético.
La palabra del Señor era "rara" en un tiempo en el antiguo

Israel (1 Samuel 3:1). Amós habló de hambre de escuchar la palabra del Señor (Amós 8:11).

Esto significa que a veces Dios decide no decir nada. Dios puede optar por no hablar durante una generación. Si es así, ¡qué tontería pretender hablar por él! ¡Es rara esa persona profética que se niega a ser llamada a dar una "palabra" cuando claramente no existe tal palabra! Un error común de muchas personas proféticas es que tienen algún tipo de "experiencia espiritual" y reciben una palabra genuina de Dios, pero luego la embellecen con exhortaciones personales o enseñanzas teológicas basadas en su propia experiencia para justificar el giro, que puede o no ser de Dios.

Cuarto, Pablo dijo que "en parte conocemos, y en parte profetizamos" (1 Corintios 13:9). Esto significa que nadie lo sabe todo y ningún profeta tiene un conocimiento ilimitado. ¡Eso debería mantener humildes a todos aquellos que poseen un indudable don profético!

Hay ciertos principios que debemos seguir para mantener una integridad transparente con respecto a lo profético. Primero, no ir más allá de lo que le dan. Esto es muy parecido a cuando Pablo instruyó a los corintios "que no fueran más allá de lo que está escrito" (1 Corintios 4:6). Lo mismo ocurre con una palabra profética; no la embellezca. He conocido a no pocos individuos proféticos que reciben una palabra indudable del Señor pero terminan estropeándola al embellecerla.

Segundo, tenga mucho, mucho cuidado en honrar el nombre del Señor. Esto es lo que se dice en Santiago 5:12: "Sobre todo, hermanos míos, no juren ni por el cielo ni por la tierra ni por ninguna otra cosa. Que su 'sí' sea 'sí', y su 'no', 'no', para que no sean condenados". Esta advertencia está dirigida a los cristianos pobres que habían sido maltratados por cristianos acomodados, como se señala en los versículos 1 a 6. La tentación para ambos fue afirmar que "Dios está de nuestro lado" al mencionar el nombre de Dios. Palabra de Santiago: no haga eso. No abuse de ese nombre afirmando que Dios está con usted y no con ellos. En otras palabras, dice Santiago, dejemos el nombre de Dios fuera de esto. Dejen de usar el nombre de él para quedar bien.

Por eso una persona profética debe cuidarse de no decir: "Así dice el Señor" o "El Señor me dijo". ¿Por qué? Porque afirma tener conocimiento interno de que Dios ha hablado a través de usted, usando el nombre de Dios para quedar bien. Cuando hacemos eso, no estamos tratando de hacer que Dios luzca bien; estamos tratando de lucir bien nosotros. Esto viola el tercer mandamiento que dice que no debemos usar mal el nombre del Señor (Éxodo 20:7). Es tomar el nombre de Dios en vano cuando usa su nombre para engrandecer su expresión profética.

Usar mal el nombre de Dios es cuando usted lo incluye en su conversación para elevar su propia credibilidad. Está pensando en usted mismo, no en él. Quizás quiera que la gente piense que es espiritual. Quiere parecer cercano a Dios.

He hecho esto con demasiada frecuencia a lo largo de los años; me avergüenza decirlo. He dejado de hacerlo (espero seguir así). Creo que debo compartir esto con todos en estos últimos días. ¿Me dijo el Señor que compartiera esto? ¡Dígame usted!

La cuestión aquí es el juramento. Uno de los mayores privilegios que pueden tener los cristianos es que Dios nos haga un juramento a usted y a mí de la misma manera que lo hizo con Abraham. El juramento se ve cuando Dios otorga el más alto nivel de fe; esto es lo que se esconde detrás de lo milagroso de la Biblia. Si se concede, el juramento que Dios nos hace puede referirse a (1) la seguridad de la salvación

(Hebreos 4:10; 10:22); (2) un aviso previo de una oración contestada (Marcos 11:24; 1 Juan 5:15); (3) saber que tiene razón teológicamente (Colosenses 2:2); (4) la oración de fe por sanidad (Santiago 5:15); y (5) una palabra profética (1 Pedro 4:11).

Toda profecía debe hacerse en proporción a nuestra fe; solo cuando se nos da el juramento sabemos con certeza que hemos recibido una palabra de Dios. Esto es lo que había detrás de la autoridad de Elías. Como muestro en mi obra *Estos son los días de Elías*, Elías tenía autoridad ante Acab debido al juramento que Dios le hizo. Solo cuando Dios le hace un juramento a usted, puede tener el tipo de autoridad que tuvo Elías ante Acab. Elías no se mordió las uñas durante varios años preguntándose si veía una nube en el cielo. Con calma le dijo al rey: "No lloverá a menos que yo lo diga". ¿Cómo podía Elías estar tan seguro? "Vive el Señor, Dios de Israel, en cuya presencia estoy, que no habrá lluvia ni rocío en estos años, excepto por mi palabra" (1 Reyes 17:1). Ese es el lenguaje del juramento.

Cualquier profecía debería hacer quedar bien a *Dios*, no al profeta. Si no está de acuerdo con lo que he dicho y decide decir: "Así dice el Señor", será mejor que sepa *absolutamente* lo que está afirmando, o sea, que Dios le ha hecho un juramento.

No estoy diciendo, entonces, que nunca deba decir: "El Señor me dijo" o "Así dice el Señor". Le insto a que nunca lo diga a menos que tenga esa seguridad, a nivel de juramento, de que Dios ha hablado. Incluso entonces, ¡no *tiene* que decirlo!

Si deja fuera el nombre del Señor, no se arrepentirá. Siempre puede decir: "Me veo obligado a compartir esto con usted" si cree que el Señor ha hablado. También está a salvo si la palabra no es de arriba. No se avergonzará ni habrá abusado del nombre de Dios.

Recuerde, Santiago dijo: "Sobre todo", no use mal el nombre del Señor "para que no caigas en condenación" (Santiago 5:12). No vale la pena hacer mal uso de su nombre.

REFLEXIÓN PERSONAL

¿Qué opina en cuanto a que la gente concluya sus palabras proféticas con la frase "Así dice el Señor"? ¿Ha usado el nombre del Señor de esta manera? ¿Cuál cree que fue su motivación, si es así?

_____

_____

_____

Imagínese la confianza que tuvo Elías en la palabra de Dios para decirle a Acab que no llovería. ¿Alguna vez Dios le ha hecho un juramento? ¿Qué le hace sentir seguro al escuchar la voz de Dios?

_____

_____

_____

ISAAC VIENE

Confía en el Señor de todo corazón y no te apoyes
en tu propia inteligencia. Reconócelo en todos
tus caminos y él enderezará tus sendas.
—Proverbios 3:5-6

Jonathan Edwards nos enseñó que la tarea de cada generación es descubrir en qué dirección se está moviendo el Soberano Redentor y avanzar en esa dirección. También hay que recordar que Edwards (sin duda la figura principal del Gran Despertar de Estados Unidos en el siglo dieciocho) también pensó que estaba presenciando la profecía de Habacuc en sus propios días. A veces se la llama "la gloria de los últimos días", una era que precederá a la segunda venida de Jesús. Me uno a muchas personas en la historia de la iglesia que han creído que un movimiento importante del Espíritu Santo rodeará al mundo antes del fin. Es comprensible que algunos de ellos pensaran que estaban viendo esa gloria en su época. Como ellos, creo que seremos testigos de eso en nuestros días. El tiempo dirá si esta enseñanza esencial proviene del Señor.

A esta gloria de los últimos días la llamo "Isaac". Abraham esperaba que el hijo prometido fuera Ismael, pero tuvo que adaptarse. Muchos carismáticos han pensado que el movimiento pentecostal-carismático del siglo veinte fue "eso": el movimiento final del Espíritu Santo antes de la segunda venida de Jesús. Creo que lo mejor está por llegar: Isaac viene.

Rolfe Barnard (1904-1969), uno de mis primeros mentores calvinistas, jugó un papel importante en mi comprensión de los carismáticos. Aunque muchos de los compañeros ministros y seguidores de Rolfe descartaban en gran medida a los pentecostales y carismáticos como movimientos de Dios, Rolfe definitivamente tenía una perspectiva diferente. Creía que Dios estaba en esos movimientos. Estaba especialmente intrigado por David du Plessis (1905-1987), el pentecostal sudafricano.

Sin embargo, el comentario literal de Rolfe sobre el movimiento carismático fue: "Creo que Dios está en esto, pero no es eso". Esa fue su manera de decir que algo mucho más grande estaría por venir: la gloria de los últimos días.

En el otoño de 1973, pocas semanas después de mi llegada a Oxford, fui a escuchar a du Plessis en una reunión especial allí. Me había enterado de que Smith Wigglesworth le hizo una importante profecía a du Plessis y, como Rolfe habló favorablemente de él, no quería perdérmela. Me alegro de haber ido, pero —para ser sincero— lo encontré más que un poco decepcionante. Esperaba más. Poco de lo que dijo me pareció cierto. Realmente estuve de acuerdo con Rolfe: "Esto no es todo". Durante los siguientes meses me atrapó la idea de que el movimiento carismático podía compararse con Ismael y que Isaac representa la genuina gloria de los últimos días.

¿Recibí esto del Señor? Dígame usted. Compartí esto por primera vez en mi iglesia en Lower Heyford, Oxfordshire. Los miembros de la Capilla de Westminster recordarán muy bien esta comparación. Lo compartí con el Dr. Lloyd-Jones. No se comprometió con ello, pero claramente le gustó la idea. Si me ponen bajo un detector de mentiras, diría que fue del Señor, pero —a fin de cuentas— tendremos que esperar y ver qué pasa.

Nunca en mi vida había conocido el miedo y el temblor como los que sentí en los días previos a dar este mensaje originalmente en el Centro de Conferencias de Wembley en octubre de 1992. Lo que escribí en este libro es una elaboración de lo que propuse esa noche.

Estaba pronosticando una nueva era, una que se puede llamar era poscarismática.

Cuando uso el término *carismático*, lo veo como una abreviatura de la obra del Espíritu (incluso entre los pentecostales) que todos conocemos a lo largo del siglo pasado.

Unos días antes de la Conferencia Palabra y Espíritu, Lyndon Bowring y yo comimos con un respetado líder carismático. De manera bastante espontánea le hice esta pregunta: "Si el movimiento carismático tiene que ver con Ismael o con Isaac, ¿cuál de los dos crees que es?".

Él respondió: "Isaac".

A lo que respondí: "¿Y si te dijera que el movimiento carismático no es Isaac sino Ismael?"

Su respuesta fue "Espero que no".

Este hombre, un individuo piadoso y lleno del Espíritu, respondió exactamente como lo hizo Abraham a Dios: "¡Ojalá Ismael viviera bajo tu bendición!" (Génesis 17:18).

Dios le estaba dando a Abraham lo que había deseado más que nada en el mundo: la promesa de un hijo a través de su amada esposa, Sara, ¡y él lo estaba rechazando! Cuando la promesa de Dios fue dada originalmente, estoy seguro de que Abraham nunca hubiera creído que algún día reaccionaría tan negativamente ante algo tan positivo.

Esa es en gran medida la forma en que muchos carismáticos reaccionaron a mi discurso de esa noche. El hecho de que Isaac viene, algo más significativo de lo que jamás hayamos visto, no compensó el dolor que sintieron esa noche. "Nos llamas

Ismael", me dijo un amigo carismático cercano. "Pero Isaac viene", subrayé.

A algunos carismáticos les resultó difícil aceptar la noción de que el movimiento por el que dieron sus vidas y por el que soportaron persecución no era "ese" después de todo. Lo entendí. Sin embargo, el mismo amigo carismático que acabo de citar ha aceptado mi posición desde entonces. De hecho, ahora que han pasado casi treinta años, los carismáticos de casi todas partes me dicen: "Esperamos que tengas razón. Porque si lo que tenemos ahora es todo lo que hay, el futuro es bastante sombrío".

REFLEXIÓN PERSONAL

¿Alguna vez Dios le ha pedido que deje algo que amaba para poder recibir algo más grande de él? ¿Cómo fue ese proceso para usted? ¿Qué hubiera pasado si hubiera confiado en sus propias opiniones?

_____

_____

¿Dónde ve a Dios moviéndose dentro y fuera de la iglesia hoy? ¿Hay algún aspecto de lo que ve que él hace que se incomode o se ponga nervioso? Dedique algún tiempo a volver a comprometerse a confiar plenamente solo en él.

_____

_____

ISMAEL AFLIGIDO

¡Voy a hacer algo nuevo! Ya está sucediendo,
¿no se dan cuenta? Estoy abriendo un camino
en el desierto y ríos en lugares desolados.
—Isaías 43:19

Durante trece años Abraham creyó sinceramente que Ismael era el hijo prometido. Todo comenzó años antes, cuando Dios le dio una promesa. De hecho, creer esa promesa significaba que se le atribuía la justicia.

Abraham podría haberle dicho a Dios: "¿Espera que yo crea eso? Usted debe estar bromeando. Yo tengo ochenta y cinco años, y Sara setenta". Pero no, Abraham lo creyó. Al creer la promesa, la justicia le fue acreditada a Abraham. Esto llegó a ser la principal ilustración del apóstol Pablo para la doctrina de la justificación por la fe (Romanos 4). Fue lo que Martín Lutero redescubrió en el siglo dieciséis y puso al mundo patas arriba.

Aquí está el evangelio, en pocas palabras: cuando creemos que Jesús murió en la cruz por nuestros pecados, y transferimos toda la esperanza que antes depositábamos en nuestras obras a lo que él hizo por nosotros en la cruz, la justicia se nos acredita como si nunca hubiéramos pecado. Ese es el evangelio.

Abraham creyó en esa promesa, pero los años pasaban. Sin hijos. Sara estaba envejeciendo. Sin hijos. Ya había superado con creces la edad en la que normalmente una mujer podía tener un hijo. Tanto Abraham como Sara estaban desanimados. Todos nos desanimamos cuando Dios retrasa el cumplimiento de su palabra. Todos tendemos a preocuparnos en el tiempo de las oraciones sin respuesta. Todos conocemos el dolor de esperar, habiendo estado seguros de haberlo hecho bien. Abraham había estado seguro cuando Dios dijo que haría que sus descendientes fueran tan numerosos como las estrellas en el cielo (Génesis 15:5), pero nada estaba sucediendo.

Un día, a Sara, se le ocurrió una solución:

Sara, la esposa de Abram, no le había dado hijos. Pero como tenía una esclava egipcia llamada Agar, Sara dijo a Abram:

—El Señor me ha hecho estéril. Por lo tanto, ve y acuéstate con mi esclava Agar. Tal vez por medio de ella podré formar una familia.

Abram aceptó la propuesta que hizo Sara. Entonces ella tomó a Agar, la esclava egipcia, y se la entregó a Abram como mujer. Esto ocurrió cuando ya hacía diez años que Abram vivía en Canaán.

Abram tuvo relaciones sexuales con Agar y ella concibió un hijo.

—Génesis 16:1-4

Abraham no inició esta idea; era enteramente de Sara. ¿Por qué aceptó? Porque realmente creyó en la promesa y estaba dispuesto a ver que sucediera de cualquier manera que Dios decidiera realizarla. Es más, si el hijo de Agar fuera varón y proviniera del propio cuerpo de Abraham, se cumpliría la promesa. Eso daría todas las razones para creer que Dios estaba obrando. Un niño varón cumpliría la promesa de Génesis 15:4-5.

Ismael nació cuando Abraham tenía ochenta y seis años. En lo que concernía a Abraham, Dios había cumplido su palabra. No podía haber ninguna duda al respecto. Todo apuntaba a que Ismael era el hijo prometido, por lo que Abraham le dijo a Dios: "Ojalá Ismael viva delante de ti" (Génesis 17:18 RVR1960).

Abraham no solo se había reconciliado con la sugerencia de que Agar fuera la madre de su hijo, sino que también vio que aparentemente cumplía todas las condiciones de la promesa de Génesis 15:4, las que jamás habría imaginado. Génesis 15:4, en lo que concernía a Abraham, ya era historia; hecho consumado. Dios había cumplido su palabra; eso fue así. Ismael cumplió con los requisitos y Abraham no tuvo quejas.

Un día, Abraham se levantó como cualquier otra mañana, sin estar preparado para lo que sucedería. ¡Qué diferencia hace un día! Abraham tenía ahora noventa y nueve años e Ismael, su orgullo y alegría, era un adolescente. Nunca subestime cuánto amaba Abraham a Ismael, su único hijo. Entonces, de la nada, Dios se apareció a Abraham.

Dios le dio el pacto de la circuncisión, la extraordinaria promesa de que sería padre de muchas naciones; la tierra de Canaán sería una posesión eterna. Todo iba bien con Abraham.

Además, no había problema con la circuncisión: Abraham circuncidaría a Ismael y él mismo sería circuncidado. El pacto se extendería a su casa, incluso a los extranjeros que pasaran a formar parte de ella. El pacto era inflexible; no cumplirlo era perder la promesa. Eso estuvo bien. Hasta ahora, todo bien.

Luego vinieron algunas noticias para las cuales Abraham no estaba preparado. Debería haber sido la promesa más grandiosa, sublime y fantástica que sus oídos jamás hubieran escuchado. Sin embargo, no podía creer lo que estaba oyendo... y no le gustaba.

> Dijo también Dios a Abraham: A Sarai tu mujer no la llamarás Sarai, mas Sara será su nombre. Y la bendeciré, y también te daré de ella hijo; sí, la bendeciré, y vendrá a ser madre de naciones; reyes de pueblos vendrán de ella. Entonces Abraham se postró sobre su rostro, y se rio, y dijo en su corazón: ¿A hombre de cien años ha de nacer hijo? ¿Y Sara, ya de noventa años, ha de concebir? Y dijo Abraham a Dios: Ojalá Ismael viva delante de ti.
>
> —Génesis 17:15-18

El mundo de Abraham se derrumbó. Estaba pronunciando una súplica apasionada y dolorosa: "Por favor, que se cumpla el pacto en Ismael".

Estoy dispuesto a decir que esto es precisamente lo que Dios nos está diciendo en este momento. Sara, a quien el apóstol Pablo llamó "la madre de todos nosotros" (Gálatas 4:26), concebirá. Por lo que sé, ella ya ha concebido. Alguien dijo que Isaac será un "bebé feo" pero un hombre guapo cuando sea mayor de edad. La obra soberana y oculta del Espíritu Santo a menudo emerge en las personas y lugares menos probables. Por mucho que amemos a Ismael (los movimientos pentecostales y carismáticos), por mucho que Dios afirme a Ismael, y por mucho que Ismael se ajuste a lo que muchos esperaban, Dios está tramando algo nuevo. Dios estaba detrás de Ismael, pero Ismael no es el propósito definitivo de Dios. Sara concebirá. Isaac aparecerá cualquier día.

REFLEXIÓN PERSONAL

Piense en un momento en el que recibió una promesa del Señor. ¿Tuvo alguna vez la tentación de cumplirla por su propia mano? ¿Cómo afecta la autosuficiencia a su capacidad de confiar en el tiempo y la guía de Dios?

_____

_____

_____

¿Resuena su espíritu con la profecía de que Dios está tramando algo nuevo? Pasa algún tiempo con el Señor, pidiéndole que le revele su voluntad para esta nueva temporada de Isaac.

_____

_____

_____

DÍA 37

DIOS ESCUCHA

Porque los ojos del Señor están hacia los
justos, y sus oídos atentos a su oración.
—1 Pedro 3:12

Hoy, cuando consideramos cómo ha bendecido Dios
a la iglesia a través de los movimientos carismáticos
y pentecostales, y cuántas cosas maravillosas y emocionantes han sucedido durante esta era, ¿cómo será Isaac?

Abraham no inició la era de Ismael. Era un hombre hono-
rable que creía en la promesa de Dios. Sara, la madre de todos
nosotros, fue la instigadora de todo eso y debemos honrarla.
La promesa de un hijo le llegó a Abraham como una palabra
de Dios. Además, la afirmación de Dios sobre Ismael a Agar
prueba que era de Dios.

La era carismática es de Dios. Él lo hizo y estamos mucho
mejor por ello. La mayoría de las iglesias que se destacan hoy
en día en el Reino Unido (Inglaterra, Gales, Escocia e Irlanda
del Norte) son carismáticas. Aunque en el Reino Unido el
movimiento carismático es dominante, en Estados Unidos
se lo considera un lunático marginal. Esta es una razón más
por la que existe un estigma en los Estados Unidos contra la
defensa de todos los dones del Espíritu.

El mayor himno que se haya visto en los últimos cien años ha surgido del movimiento carismático. Desde Graham Kendrick hasta Matt Redman y Hillsong, ¿dónde estaríamos hoy sin sus contribuciones? Cuando se considera que el avivamiento generalizado, particularmente en África, América Central, América del Sur, Indonesia y Corea, es en gran medida pentecostal, se puede ver por qué debemos considerar la era carismática.

Sara persiguió a Agar. ¡Considere cuánto han sufrido los carismáticos y pentecostales, principalmente por parte de los evangélicos! Los pentecostales, los neopentecostales, los que se atreven a hablar de los doncs del Espíritu, las señales, los prodigios y los milagros, han estado "fuera del campamento", como Agar en el desierto. Han sido menospreciados, mentidos, incomprendidos y perseguidos tanto como en cualquier época de la historia de la iglesia cristiana.

Una indudable visita divina afirmó a Agar en el desierto. Podía mirar a Dios a través de sus lágrimas. Me encanta la forma en que lo expresa la versión Reina Valera 1960. Me conmueve casi hasta las lágrimas cada vez que lo leo: "Como el Señor le había hablado, Agar le puso por nombre 'El Dios que me ve'" (Génesis 16:13). Agar sabía que Dios le había dado un hijo. Dios incluso le dio al hijo el nombre de Ismael, que significa "Dios escucha". Dios no le dejó a Agar ninguna duda de que estaba con ella, que él estaba detrás de todo eso. Asimismo, aquellos que sin vergüenza se consideran carismáticos saben que Dios los ha visitado; Dios los ha afirmado. Han visto lo sobrenatural. Mi corazón se alegra por ellos; están entre mis amigos más cercanos; yo soy uno de ellos.

No todo es complicado. Señales y prodigios indudables han caracterizado a los pentecostales y carismáticos de todo el mundo. Es triste, sin embargo, que gran parte del movimiento carismático haya permitido que la enseñanza de la prosperidad reemplace lo sobrenatural.

Además, Dios tenía un propósito secreto para Ismael que fue revelado primero a Agar y luego a Abraham.

> Le dijo también el ángel de Jehová [a Agar]: Multiplicaré tanto tu descendencia, que no podrá ser contada a causa de la multitud.
>
> —Génesis 16:10

> Y en cuanto a Ismael, también te he oído; he aquí que le bendeciré, y le haré fructificar y multiplicar mucho en gran manera; doce príncipes engendrará, y haré de él una gran nación. Mas yo estableceré mi pacto con Isaac, el que Sara te dará a luz por este tiempo el año que viene.
>
> —Genesis 17:20-21

Por cierto, todavía no hemos visto el final de esto. Los descendientes árabes naturales y literales de Ismael son demasiado numerosos para contarlos. Se han extendido en números cada vez mayores y sus mezquitas y lugares de culto están aumentando rápidamente en todas las ciudades importantes. ¿Quién sabe cuál será el final? Veremos a los musulmanes volverse a Cristo antes de que todo termine. "Lo que ningún ojo vio, ni oído oyó, ni corazón de hombre imaginó, lo que Dios ha preparado para los que le aman, esto nos lo ha revelado Dios por el Espíritu" (1 Corintios 2:9-10).

REFLEXIÓN PERSONAL

¿Cómo se ha beneficiado del movimiento carismático? ¿Alguna de las enseñanzas o canciones de adoración ha impactado positivamente su caminar con Dios?

_____

_____

_____

Piensa en un momento en el que, al igual que Agar, se sintió abandonado por quienes lo rodeaban. ¿Cómo mostró Dios que le vio y le escuchó durante esa temporada?

_____

_____

_____

EL HIJO PROMETIDO

Todas las promesas que ha hecho Dios son
"sí" en Cristo. Así que por medio de Cristo
respondemos "amén" para la gloria de Dios.
—2 Corintios 1:20

Ismael no estaba destinado a ser el hijo prometido. Dios
quería que la promesa del evangelio revelada a Abraham
se cumpliera de una manera que desafiara una explicación natural. La conversión es el mayor milagro que puede
ocurrir bajo el sol. Es una obra soberana de Dios; es lo que
Dios hace. Cuando Agar concibió, fue un acto natural, pero
cuando Sara concibió, desafió toda explicación natural; solo
Dios podría haberlo hecho.

Dios quería que los herederos del evangelio recordaran lo
que él hizo de una manera que nadie cuestionaría. Aunque
era comprensible que Abraham estuviera de acuerdo con la
propuesta de Sara, siempre habría una nube sobre ello.

Isaac aparecerá repentinamente cuando la iglesia en general
esté en un sueño profundo, sin esperar nada. Hay al menos
dos acontecimientos en las Escrituras que apuntan a lo mismo:
la profecía de Malaquías y la parábola de las diez vírgenes.

Malaquías 3:1-4 dice:

Envío mi mensajero, y él preparará el camino delante de mí. Y el Señor a quien buscáis vendrá de repente a su templo; y el mensajero del pacto en quien os deseáis, he aquí viene, dice Jehová de los ejércitos. Pero ¿quién podrá soportar el día de su venida, y quién podrá permanecer en pie cuando él aparezca? Porque él es como fuego refinador y como jabón de batanero. Él se sentará como refinador y purificador de plata, y purificará a los hijos de Leví y los refinará como al oro y a la plata, y traerán ofrendas en justicia al Señor. Entonces la ofrenda de Judá y de Jerusalén será agradable al Señor como en los días antiguos y como en los años pasados.

Aunque el propio Juan el Bautista cumplió la profecía de Malaquías, la última parte de la palabra de Malaquías dice que los judíos y Jerusalén agradarán al Señor "como en los días antiguos y como en años pasados". Ese no fue el caso cuando Jesús entró en escena. Lo rechazaron. Por tanto, las referencias a Leví, Judá y Jerusalén no se cumplen. En vez de que los judíos en Jerusalén agradaran al Señor, ocurrió lo contrario. Jesús lloró por Jerusalén porque perdieron lo que les pertenecía debido al rechazo de su Mesías prometido.

En otras palabras, ¡la profecía de Malaquías en cuanto a que los judíos y Jerusalén agradarían al Señor aún debe ser futura! Sin embargo, agregaré esto: Isaac será un ministerio tipo Juan el Bautista. Así como este preparó el camino para Jesús, Isaac —cuando la Palabra y el Espíritu se reúnan— preparará a la novia de Cristo para la segunda venida de Cristo.

En la parábola de las diez vírgenes, el novio llega en medio de la noche. (Ver Mateo 25:6-10). Imagínese a las 2:00 a. m. Lo último que desea es que lo despierten a esa hora. Jesús dijo que en los últimos días se describirá acertadamente que la iglesia está dormida. Cuando la iglesia en general esté decadente, impotente, dormida y sin esperar nada, aparecerá Isaac.

Habrá tres categorías de cristianos en ese tiempo: (1) las vírgenes prudentes que duermen, (2) las vírgenes insensatas que duermen, y (3) aquellos que realmente despiertan a la iglesia para decir: "¡Aquí está el Novio! Salgan a su encuentro". Esta tercera categoría estará compuesta por un remanente que no estará dormido sino disponible para que Dios Espíritu Santo despierte a la iglesia en los últimos días.

Como lo expresó una persona profética hace unos años: "Hay un resurgimiento del temor de la venida del Señor, y caerá repentina, inesperadamente y sin previo aviso. ¡Se acerca un nuevo día! No es una repetición; será como ningún otro. Esto será un sello distintivo de una enorme ola del Espíritu que se extenderá por toda la tierra. Se tratará de santidad y pureza de corazón, y es una pérdida de tiempo decirle a la gente que se prepare. Simplemente llegará... de repente. Un avivamiento con sello de lágrimas, pero también de profunda intimidad, con la persona del Espíritu Santo".

Uno podría pasar por alto lo que la promesa de Isaac finalmente hizo por Abraham: lo hizo regresar a la palabra de Dios. En Romanos capítulo 4, el apóstol Pablo, habiendo tratado Génesis 15:6, muestra la base de su doctrina de la justificación por la fe; de repente salta al momento en que Abraham se reconcilió con el hecho de que Isaac estaba en camino.

> Contra toda esperanza, Abraham creyó y esperó, y de este modo llegó a ser padre de muchas naciones, tal como se le había dicho: "¡Así de numerosa será tu descendencia!". Su fe no se debilitó, aunque reconocía que su cuerpo estaba como muerto, pues ya tenía

unos cien años, y que también estaba muerta la matriz de Sara. Ante la promesa de Dios no dudó como un incrédulo, sino que se reafirmó en su fe y dio gloria a Dios, plenamente convencido de que Dios tenía poder para cumplir lo que había prometido. Por eso se le tomó en cuenta su fe como justicia.

—Romanos 4:18-22

A Abraham le fue contado como justicia cuando creyó por primera vez. Pero ahora estaba creyendo de nuevo y volvió a la promesa original de Dios. Abraham ahora tenía algo por qué vivir que excedía sus mayores expectativas. A lo largo de los años, Abraham había subestimado la palabra: su dignidad, su gloria. Pero con la promesa de Isaac en camino, una vez que se reconcilió con lo que Dios dijo que sucedería a continuación, eso lo llevó de regreso a la palabra.

La venida de Isaac hará que la iglesia regrese a la Palabra de Dios como no lo hemos hecho en años. Habrá un nuevo romance con las Escrituras. Será como enamorarse de nuevo. Resultará en una nueva seguridad, una explosión de poder y una expectativa que nunca soñamos posible. Tendremos algo por lo que vivir, diferente a todo lo que hayamos conocido.

REFLEXIÓN PERSONAL

¿Alguna vez Dios le ha sorprendido con la forma en que ha respondido sus oraciones? ¿En qué se diferencia el cumplimiento de su promesa de sus expectativas?

_____

_____

¿Cómo impactaría personalmente su vida un resurgimiento repentino del temor del Señor? Pase algún tiempo con Dios, soñando con él acerca de cómo sería una onda del Espíritu.

_____

_____

DÍA 39

LA ERA DE ISAAC

Puesto que nosotros estamos recibiendo
un reino inconmovible, seamos agradecidos.
Inspirados por esta gratitud, adoremos a Dios
como a él le agrada, con temor reverente, porque
nuestro "Dios es fuego consumidor".
—Hebreos 12:28-29

L a venida de Isaac se caracterizará por un asombro con
Dios y su Palabra que no se ve en nuestra generación.
"¿Quién podrá soportar el día de su venida, y quién
podrá permanecer en pie cuando él aparezca?" (Malaquías
3:2). Una renovación del temor de Dios significará un retorno
a la santidad. ¿Qué pasó con la santidad? "Él es como fuego
refinador y como jabón de lavandero" (Malaquías 3:2). Cuando la Palabra y el Espíritu se unan, será un nuevo matrimonio
de lo que nunca debió haberse separado. Al igual que con el
matrimonio humano, Dios dijo: "Por tanto, lo que Dios juntó,
no lo separe el hombre" (Mateo 19:6).

¿Cómo será entonces Isaac? Será una era en la que la Palabra
predicada va a ser tan asombrosa como la vindicación del nombre de Dios, lo que se traduce en señales, prodigios y milagros
auténticos. Será una era en la que las señales y los prodigios

no estarán bajo una nube de sospecha sino abiertos al más mínimo escrutinio. Como dijeron los escépticos del Nuevo Testamento sobre el milagro del hombre discapacitado que de repente caminaba: "No podemos negarlo" (Hechos 4:16).

Millones de musulmanes se convertirán. Miles de musulmanes que han tenido sueños con Jesús saldrán de su escondite. Esto incluirá a los imanes que en este momento tienen miedo de discutir este tema. Este fenómeno deslumbrará al mundo.

Por el momento, es prácticamente imposible llegar muy lejos en la presentación del evangelio a un judío. En Israel está prohibido que un cristiano evangelice. Pero algo —no estoy seguro de qué— hará que la luz se encienda en los corazones de los judíos de todas partes del mundo. Serán parte de un esfuerzo de evangelización que lleve a judíos, musulmanes y personas de todas las razas y naciones a Cristo.

Será una era en la que el evangelio, así como las señales y los prodigios, estarán al frente de las prioridades entre los ministros de Dios. Será una era en la que la conversión a Cristo no será minimizada sino vista como el milagro más grande que pueda ocurrir. Será una era en la que los casos más difíciles imaginables se convertirán en arcilla en manos de un Dios soberano, cuando las conversiones sorprendentes se harán comunes. Algunos de los que más se han opuesto al evangelio, se han reído de la infalibilidad bíblica y han desestimado la fe cristiana histórica caerán de bruces ante Dios arrepentidos. Será una era en la que el mundo temerá más las oraciones del pueblo de Dios que la guerra nuclear. Se dice que María, reina de Escocia, temía las oraciones de John Knox "más que todos los ejércitos reunidos de Europa".

La era poscarismática será una época en la que el gobierno y las personas en lugares altos se arrodillarán ante el pueblo de Dios y pedirán ayuda. Con Ismael fue la promesa de una nación; con Isaac fue la promesa de muchas naciones.

El apóstol Pablo dijo que Isaac es el "heredero del mundo" (Romanos 4:13). Estamos hablando de algo grande. Estamos hablando de algo que es más amplio que las fronteras de una nación, cuando a los reyes de la tierra, líderes de las naciones, se les hace ver que hay un Dios en los cielos. Será una era en la que los niños serán vasos soberanos, una era en la que los cristianos comunes y corrientes estarán equipados con dones proféticos. No será un caso de superestrellas religiosas compitiendo por tiempo en televisión, tratando de ser vistas o escuchadas o tratando de demostrar su valía. Estamos hablando de un despertar que llega a zonas olvidadas, corta el corazón de las personas y derriba lugares que hasta ahora se creían impenetrables. Todo eso se logrará sin la ayuda de los medios de comunicación, las empresas de relaciones públicas o el respaldo de celebridades de alto perfil.

La venida de Isaac iniciará una era en la que la gloria del Señor cubrirá la tierra como las aguas cubren el mar.

REFLEXIÓN PERSONAL

¿Cómo le ha estado refinando Dios en esta temporada? ¿Qué aspectos de él le ha estado revelando?

_____

_____

_____

Considere algunas de las formas en que Dios se está moviendo en países que históricamente han estado cerrados al evangelio. ¿Qué revelan esos testimonios sobre la voluntad de Dios?

_____

_____

_____

EL DESPERTAR DE LA IGLESIA

¡Despierta, alma mía! ¡Despierten, lira y
arpa! ¡Haré despertar al nuevo día!
—Salmos 57:8

Se alega que Smith Wigglesworth hizo una profecía tres meses antes de morir que pronosticaba una unión de la Palabra y el Espíritu. Esto es lo que supuestamente dijo:

Durante las próximas décadas habrá dos movimientos del Espíritu Santo en la iglesia de Gran Bretaña. El primero afectará a cada iglesia que esté dispuesta a recibirlo y se caracterizará por una restauración del bautismo y los dones del Espíritu Santo. El segundo movimiento del Espíritu Santo resultará en que la gente abandone las iglesias históricas y plante nuevas iglesias. Durante cada uno de esos movimientos, las personas involucradas dirán: "Este es el gran avivamiento". Pero el Señor dice: "No, este tampoco es el gran avivamiento pero ambos son pasos hacia él".

Cuando la nueva fase de la iglesia esté decayendo, se evidenciará en las congregaciones algo que no se ha visto antes: una unión de los que están a favor de la Palabra y aquellos que se enfocan en el Espíritu.

Cuando la Palabra y el Espíritu se unan, habrá el movimiento más grande del Espíritu Santo que la nación, y de hecho el mundo, jamás haya visto. Marcará el comienzo de un avivamiento que eclipsará todo lo que se haya presenciado en estas costas, incluso los avivamientos wesleyano y galés de años anteriores. El derramamiento del Espíritu de Dios fluirá desde el Reino Unido hasta el continente de Europa, y desde allí comenzará un movimiento misionero hasta los confines de la tierra.

Aunque Wigglesworth no hubiera dicho eso, creo que lo próximo que sucederá en el calendario de Dios no es la segunda venida sino el despertar de la iglesia antes del fin. ¿Cuánto durará esta era? No sé.

El Señor dijo: "Escribe la visión … para que corra el que leyere en ella. Aunque la visión tardará aún por un tiempo, mas se apresura hacia el fin, y no mentirá; aunque tardare, espéralo, porque sin duda vendrá, no tardará" (Habacuc 2:2-3). "¡Oh, que Ismael pudiera vivir bajo tu bendición!" le rogó a Abraham, pero Dios dijo que Isaac sería el indicado. El nombre Isaac significa "risa". Como en Pentecostés, cuando la burla se convirtió en miedo, la unión de la Palabra y el Espíritu provocará una era en la que la risa cínica se convertirá en miedo y gozo reverentes.

Gran parte de la predicación que he hecho a lo largo de mi vida (si soy totalmente sincero) fue solo con la Palabra. Cuando la gente llegaba a la Capilla de Westminster, no esperaba ver suceder cosas; iban a escuchar la Palabra. Por el contrario, hay iglesias a las que la gente va no tanto para oír sino para ver cómo suceden las cosas. ¿Quién puede culparlos?

Jesús, sin embargo, podía deslumbrar a las multitudes con el poder de su palabra tan fácilmente como cuando realizaba milagros. La gente se asombraba cuando hablaba y cuando sanaba. La combinación simultánea de la Palabra y el Espíritu en gran e igual medida logrará eso. Y cuando esto suceda, como dice mi amigo Lyndon Bowring, "los que vengan a ver oirán, y los que vengan a oír verán".

REFLEXIÓN PERSONAL

Considere la profecía de Smith Wigglesworth. ¿Ha visto la evidencia de esas fases de la iglesia en su vida? ¿Qué anticipa que sucederá en los próximos años?

_____

_____

_____

Pase algún tiempo con Dios y pregúntele cómo sería su iglesia, completamente despierta y empoderada. ¿Cómo puede preparar su corazón para lo que Dios hará en este próximo despertar?

_____

_____

_____

CASA
CREACIÓN

Te invitamos a que visites nuestra página web, donde podrás apreciar la pasión por la publicación de libros y Biblias:

www.casacreacion.com

@CASACREACION

@CASACREACION

@CASACREACION

Para vivir la Palabra